OSCAR VARGAS VELARDE

CURSO DE DERECHO DEL TRABAJO

Volumen III: Derecho Colectivo de Trabajo

PANAMÁ
2021

CURSO DE DERECHO DEL TRABAJO
Vol.III Derecho Colectivo de Trabajo

Primera Edición, 2021

Vía Argentina N°. 83 - Edificio Tang - Planta baja
Telefax (507) 269-9493 - 269-7018
email:info@culturalportobelo.com
www.culturalportobelo.com

344.01
V426 Vargas Velarde, Oscar
Curso del Derecho de Trabajo III. Derecho Colectivo de Trabajo / Oscar Vargas Velarde. -- Panamá : Editorial Portobelo, 2021.
170 p. ; 24 cm. (Colección Biblioteca de Autores Panameños ; 406) (Serie Derecho Laboral)

ISBN 978-9962-15-023-7

1. DERECHO LABORAL – PANAMÁ
2. DERECHO COLECTIVO DEL TRABAJO
3. TRABAJO Y TRABAJADORES - PANAMÁ I. Título.

ABREVIATURAS MÁS UTILIZADAS

art.	artículo.
Cfr.	Confróntese.
C. P.	Contitución Política.
C. de T.	Código de Trabajo.
Ibidem	igual obra, tomo, edición, editorial, ciudad, pero página distinta
Idem	igual obra, tomo, edición, ciudad y página
lit.	literal.
num.	numeral.
N.º	número.
OIT	Organización Internacional del Trabajo.
Op. cit.	*Opere citato*, en la obra citada.
p.	página
pp.	páginas
s. f.	sin fecha.
Vol.	volumen.
vs.	contra.

BREVE NOTA EXPLICATIVA

El propósito de este volumen III del *Curso de Derecho del Trabajo* es examinar el Derecho Colectivo de Trabajo y en ese sentido los tres módulos que corresponden al primer semestre de la asignatura Derecho del Trabajo II (Derecho Colectivo de Trabajo), de la Facultad de Derecho y Ciencias Políticas de la Universidad de Panamá, que se refieren a los aspectos introductorios de este Derecho Colectivo, el derecho de asociación sindical y las organizaciones sociales (antecedentes, evolución, constitución, régimen interno, patrimonio, fines y funciones principales, obligaciones, fusión, liquidación, disolución etc.) el fuero sindical y las otras medidas de protección al sindicalismo, la negociación colectiva, los conflictos colectivos y sus medios de solución, y el derecho de huelga.

Panamá, 20 de julio de 2021.

OSCAR VARGAS VELARDE
Profesor de Derecho del Trabajo.
Facultad de Derecho y Ciencias Políticas.
Universidad de Panamá.

Lección I
DERECHO COLECTIVO DE TRABAJO

I. CONCEPTO

El Derecho Colectivo de Trabajo forma parte del Derecho del Trabajo, que además se integra del Derecho Individual de Trabajo y del Derecho Procesal de Trabajo. Nuestro Código de Trabajo regula estos tres aspectos esenciales de esa disciplina jurídica. Este instrumento regula en el Libro I, las relaciones individuales, en el Libro III, las relaciones colectivas y el libro IV, las normas procesales para resolver las controversias que se susciten en el orden individual y en el orden colectivo._

El Derecho Individual regula las relaciones entre trabajadores y empleadores en el marco de los compromisos que estos contraen cuando celebran el contrato individual de trabajo, mientras que el Derecho Colectivo pauta las relaciones entre las organizaciones sociales de los trabajadores y los empleadores, sea un empleador, sea un grupo de empleadores, o entre las organizaciones sociales de trabajadores y las organizaciones sociales de los empleadores, derivadas de la convención colectiva o de la ley.

Mario de la Cueva considera que el Derecho Colectivo de Trabajo constituye: "los principios, normas e instituciones que reglamentan la formación y funciones de las asociaciones profesionales de trabajadores y patronos, sus relaciones, su posición frente al Estado y los conflictos colectivos de trabajo".[1]

"El derecho colectivo del trabajo (...), -dice Guillermo Guerrero Figueroa- se refiere a los trabajadores y a los empresarios o patronos colectivamente, o sea como grupos sociales, en sus similitudes y discrepancias; y a las relaciones plurales instauradas entre un conjunto de trabajadores o un sindicato y un patrono o una asociación patronal".[2]

Para Guillermo Cabanellas, "el derecho colectivo laboral puede definirse como aquel que teniendo por sujetos a conjuntos o grupos de trabajadores y de patronos, en relación a condiciones de solidaridad provenientes de su condición de prestadores o dadores de trabajo, desarrolla su objetivo en organizaciones grupales determinando o fijando reglas comunes a las categorías profesionales o actuando en forma conjunta en defensa de sus derechos e intereses".[3]

Desde la perspectiva del Derecho panameño, se puede decir que el Derecho Colectivo de Trabajo es el sistema de principios y normas jurídicas que establece reglas para la sindicación, regula las relaciones entre los

---

1. DE LA CUEVA, Mario. *El nuevo Derecho Mexicano del Trabajo.* Tomo II, 11.ª edición, Editorial Porrúa, México, 2000, p. 211.
2. GUERRERO FIGUEROA, Guillermo. *Derecho Colectivo del Trabajo.* 9.ª edición, Editorial Leyer, Bogotá, D. C., 2005, p. 19.
3. CABANELLAS, Guillermo. *Derecho Sindical y Corporativo.* Bibliográfica Argentina, Buenos Aires, 1959, p. 16.

sindicatos de trabajadores y los empleadores o entre los sindicatos de trabajadores y de empleadores; y rige la negociación y la convención colectiva de trabajo, la solución de los conflictos colectivos de trabajo y el régimen de la huelga, así como la intervención del Estado, cuyo objetivo es proteger a la clase trabajadora en la búsqueda de crear las condiciones necesarias para que lleve una existencia decorosa en aras de alcanzar la justicia social.

El Derecho Colectivo de Trabajo es un sistema porque constituye un conjunto ordenado y jerarquizado de principios y normas jurídicas. Toda norma jurídica tiene detrás de sí uno o varios principios que informansu contenido. Estas normas están formadas por la Constitución Políticay el Bloque de Constitucionalidad, los convenios internacionales, la ley y otras normas con valor de ley, los decretos reglamentarios, la convención colectiva de trabajo, el reglamento interno de trabajo, los laudos arbitrales, la costumbre o los usos y la jurisprudencia.

En cuanto a su ámbito personal, cobija las relaciones entre trabajadores y empleadores, en función de una colectividad de trabajadores. Se trata, desde el ángulo de los trabajadores, las relaciones del grupo profesional, es decir, de las organizaciones sociales, incluyendo no solo la ordenación de sus vínculos laborales con el empleador, sino que se extiende al tema de las relaciones intersindicales porque estas inciden en la relación laboral. Desde el ángulo del empleador, abarca tanto esas relaciones con un empleador individual, un grupo de empleadores, un sindicato de empleadores o varios sindicatos de empleadores.

En cuanto a su ámbito normativo, se contrae al ejercicio del derecho de agremiación, la protección al sindicalismo, la negociación y la convención colectiva, los conflictos colectivos y el derecho de huelga.

La intervención del Estado se manifiesta por medio de las disposiciones relativas a la función del Estado, por conducto del Ministerio de Trabajo y Desarrollo Laboral, de fomento al sindicalismo, la personería jurídica, la protección de los sindicatos y del fuero sindical, la mediación en los conflictos colectivos, el papel que desempeña en la huelga y sus atribuciones jurisdiccionales, en virtud de la Ley 53 de 1975, entre otras. Asimismo, los cánones concernientes a la participación de los tribunales de trabajo en la solución de las controversias.

La finalidad del Derecho Colectivo es la protección de los trabajadores, particularmente a los asociados en sindicatos en la ruta de crear el clima que procure a los trabajadores una vida digna en la ruta de lograr anhelada justicia social para los sectores menos favorecidos de la sociedad.

II. CARACTERÍSTICAS

Javier Neves Mujica dice que “El derecho colectivo de trabajo, según la apreciación extendida en la doctrina, tiene las siguientes características:

1. Ha desempeñado, mediante los sindicatos y sus principales acciones de negociación y conflicto, un papel indispensable en el surgimiento del derecho del trabajo.

2. Tiene vocación instrumental: se constituye el sindicato para negociar y se negocia para obtener mayores ventajas a las previstas por la ley.

3. Es interdependiente, de modo que no existe plena libertad sindical, en el sentido amplio del término, sino se reconocen sus tres instituciones básicas: sindicación, negociación colectiva y huelga. Un sindicato que no puede negociar o hacer huelga, carece de las herramientas esenciales para su funcionamiento".[4]

Javier Arévalo Vela considera que las principales características del Derecho Colectivo de Trabajo son las siguientes:

"a. El sujeto principal es la organización sindical, quien busca mediante su acción lograr el nacimiento de nuevos derechos para los trabajadores, aun cuando algunas veces su papel se limite solo a defender los derechos ya reconocidos para evitar su supresión.

b. Busca equilibrar las fuerzas de los sujetos laborales, trabajadores y empleadores, corrigiendo los desequilibrios resultantes entre quienes son los propietarios de los medios de producción con quienes solamente tienen su fuerza de trabajo.

c. No solo se encuentra conformado por la normativa nacional, sino también por la internacional, principalmente los Convenios y recomendaciones de la Organización Internacional del Trabajo".[5]

En tanto, Rodolfo Napoli se permite caracterizar este Derecho Colectivo, que lo distingue del Derecho Individual, por lo subsiguiente:

1. La "convención de trabajo es la fuente esencial de derecho colectivo"; en cambio, el "contrato individual de trabajo es la fuente principal del derecho individual". En el Derecho Colectivo, las relaciones creadas alcanzan a "toda una categoría profesional", porque "son obligaciones *erga omnes* o normativas"; en el contrato en el Derecho Individual, los contratos cubren solo a las relaciones entre las partes contratantes (inter partes).

2. En las relaciones colectivas se estima que el trabajador agrupado es más fuerte y por tal razón la ley "restringe su voluntad con el objeto de concederle más amplitud a la asociación profesional". En las relaciones individuales, dado que el "trabajador aislado es más débil, la actividad legislativa es más rigurosa y absoluta".

---

4. NEVES MUJICA, Javier, *Derecho Colectivo del Trabajo.* Un panorama general. 1.ª edición, Palestra Editores S.A.C., Lima, 2016, p. 7.
5. ARÉVALO VELA, Javier. "El Derecho Colectivo de Trabajo", en revista Lex N.º 20, año XV, Facultad de Derecho y Ciencia Política, Universidad Alas Peruanas, Lima, 2017, p. 378.

3. En las relaciones colectivas, la solución del conflictos "crea derechos en sentido general formal" y abarca "todo el orden profesional de una misma actividad". El conflicto individual se resuelve en la sentencia y sus efectos es entre las partes y no se extiende a terceros.

4. Desde el punto de vista histórico, el Derecho Colectivo, en su orden, surgió después del Derecho Individual y "desciende del derecho común al público". El Derecho Individual lo antecedió y se "apoya en principios del derecho común".[6]

Después de examinar estos criterios, para los efectos del Derecho Colectivo de Trabajo en Panamá, se pueden adelantar las características que se mencionan a continuación:

1. El Derecho Colectivo surge en Panamá después del Derecho Individual. La primera excerta legal de trabajo es la Ley 6.ª de 1914, para disciplinar el contrato de trabajo de los obreros y los empleados del comercio. Más tarde, se aprobó la Ley 3 de 8 de enero de 1920, que adoptó el Tratado de Versalles, creó la Organización Internacional del Trabajo y reconoció el derecho de asociación sindical, la Constitución Política de 1946, con su catálogo de derechos sociales y el Código de Trabajo de 1848, instrumentos en donde se consagran las relaciones colectivas de trabajo.

2. Los sujetos de las relaciones colectivas, desde la perspectiva del trabajador, son los sindicatos, las federaciones o las confederaciones o centrales. En las relaciones individuales lo es el trabajador individualmente considerado. Desde la perspectiva del empleador, en las relaciones colectivas los sujetos son los empleadores individuales, un grupo de empleadores, los sindicatos, las federaciones o las confederaciones de empleadores.

3. Una de las bases primordiales del Derecho Colectivo es el convenio colectivo. Pero ese convenio, que solo pueden celebrar los trabajadores organizados, tiene a su favor para cobijar a todos los sujetos laborales (organizados o no) la normativa del Código de Trabajo de 1972, las demás leyes laborales y los decretos reglamentarios, las convenciones internacionales, especialmente los convenios de la organización Internacional del Trabajo y la Constitución Política de 1972.

4. Las decisiones en el Derecho Colectivo suelen ser arbitrales o jurisdiccionales y sus efectos generales. Contrario a las relaciones individuales en que las disputas laborales las resuelven los tribunales de justicia laborales y tienen efectos solo para los sujetos involucrados (trabajador y empleador), en las relaciones colectivas las decisiones están adscritas a los árbitros, los tribunales de trabajo o al Ministerio de Trabajo y Desarrollo Laboral, a través de la Dirección General de Trabajo, en primera instancia y del ministro, en segunda instancia. Estas decisiones son *erga omnes*, es decir, surten efectos "frente a todos".

6. NAPOLI, Rodolfo. *Manual de Derecho Sindical*. Editorial la Ley, Buenos Aires, 1961, pp. 15 y 16, citado por GUERRERO FIGUEROA. *Op. cit.*, pp. 9 y 20.

III. CONTENIDO

El Derecho Colectivo de Trabajo panameño tiene por contenido lo siguiente:

1. Derecho sindical. Es el derecho a organizar, constituir y operar sindicatos, federaciones, confederaciones o centrales. Así, se tratadel derecho de asociación sindical: requisitos para la formación de las organizaciones sociales (sindicatos, federaciones, confederaciones o centrales), constitución de las organizaciones sociales, régimen interno, obligaciones de las organizaciones sociales, medidas de protección al sindicalismo, medidas generales, fuero sindical, sanciones por prácticas desleales, sanciones e impugnaciones, fusión, disolución y liquidación de las organizaciones sociales (C. de T.).

2. Derecho normativo del trabajo o de contratación colectiva: a) La convención colectiva de trabajo. Es el "documento en que se establecen las particularidades normativas aplicables a un grupo de trabajadores"[7] organizados en sindicatos. Comprende las disposiciones generales de la convención colectiva, sus efectos y su duración (C. de T.). *b) Los acuerdos colectivos de trabajo.* Documento que regula condiciones de trabajo de un grupo no sindicalizado de trabajadores. Esta figura deviene de su reconocimiento del Órgano Ejecutivo, por medio de decreto expedido por el presidente de la República y el ministro de Trabajo y Desarrollo Laboral para poner orden a una situación atípica y extralegal creada, sujeta a las interpretaciones de este Ministerio y de la Corte Suprema de Justicia, vía acciones de amparo de garantías constitucionales. *Los acuerdos colectivos de trabajo* son arreglos celebrados por grupos no organizados de trabajadores con sus empleadores. Estos acuerdos se pueden celebrar en empresas en donde no existan sindicatos o en donde a pesar de que existan, este un grupo no organizado los presente, ante el Ministerio de Trabajo y Desarrollo Laboral, para su registro o presente un pliego de peticiones para la celebración de estos acuerdos colectivos con el empleador, al tenor del Decreto N°18, de 20 de mayo de 2009, "Por el cual se reglamentan los artículos 398, 400, 401 403 y 431 del Decreto de Gabinete N°252 de 30 de diciembre de 1971 (Código de Trabajo), modificado por la Ley 2 de 1993".

De todos modos, tales acuerdos no son obstáculo para el registro de la convención colectiva presentada por una organización sindical negociada por la vía directa o por el proceso de conciliación, con la mediación de funcionarios del Ministerio de Trabajo y Desarrollo Laboral, o para que el empleador se rehúse celebrar una convención colectiva de Trabajo con el sindicato; convención que no podrá desconocer el mínimo de los derechos consignados en el acuerdo colectivo de trabajo registrado con anterioridad.

---

7. BOUZAS ORTÍZ, José Alfonso. *Derecho Colectivo y Procesal del Trabajo.* (Colaboración de Germán Reyes Gaytán). 2.ª edición, Colección Textos Jurídicos, Iure Editores, México, 2017, p. 17.

3. *Derecho de los conflictos de trabajo.* Cubre dos temas: los conflictos colectivos y los mecanismos legales para lograr su adecuada solución. En este sentido, se observan la definición de conflictos colectivos, su clasificación y sus medios de solución: negociación por trato y arreglo directo, negociación mediante pliego de peticiones y procedimiento de conciliación, y arbitraje (C. de T.).

7. *Derecho de huelga.* Es "una forma de lucha legada por el movimiento obrero y el derecho del trabajo".[8] Está integrado de disposiciones generales, declaratoria previa de legalidad, declaratoria y actuación de la huelga, efectos de la huelga, huelga legal, huelga ilegal, huelga imputable al empleador, huelga por solidaridad, huelga en los servicios públicos, normas especiales y sanciones (C. de T.).

IV. FUENTES FORMALES

Las fuentes del Derecho Colectivo del Trabajo son todos aquellos acontecimientos jurídicos que originan el surgimiento, la modificación o la extinción de las normas laborales, relativas a la sindicación, la negociación y la contratación colectiva, los conflictos colectivos y la huelga.

A. LA CONSTITUCIÓN POLÍTICA, EL PACTO INTERNACIONAL DE DERECHOS ECONÓMICOS SOCIALES Y CULTURALES, EL PROTOCOLO ADICIONAL A LA CONVENCIÓN AMERICANA SOBRE DERECHOS HUMANOS EN MATERIA DE DERECHOS ECONÓMICOS, SOCIALES Y CULTURALES Y LOS CONVENIOS N.º 87 Y N.º 98 DE LA OIT, QUE FORMAN PARTE DEL BLOQUE DE CONSTITUCIONALIDAD

Las normas constitucionales y los tratados internacionales que integran el Bloque de Constitucionalidad constituyen fuentes del Derecho Colectivo del Trabajo.

La Constitución Política se refiere al Derecho Colectivo así:

-Se reconoce el *derecho de sindicalización* a los empleadores, asalariados y profesionales de todas clases para los fines de su actividad económica y social (art. 68).

-Se reconoce el *derecho de huelga,* que será reglamentado por la ley y está podrá someterlo a restricciones especiales en los servicios públicos que ella determine (art. 69).

-Se establece la *capacitación sindical,* que será impartida exclusivamente por el Estado y las organizaciones sindicales panameñas (art 76).

La Corte Suprema de Justicia ha declarado que forman parte del Bloque de Constitucionalidad, en el marco de los tratados relativos a los derechos humanos, los pactos, los convenios o los protocolos siguientes:

---

8. *Idem.*

1. El Pacto internacional de derechos económicos sociales y culturales. (Ley 13 de 27 de octubre de 1976), mediante la resolución de 30 de julio de 2008 y la resolución de 27 de noviembre de 2014.

2. El Protocolo adicional a la convención americana sobre derechos humanos en materia de derechos económicos, sociales y culturales. (Protocolo de San Salvador). (Ley 21 de 22 de octubre de 1992), a través de la resolución de 27 de noviembre de 2014.

3. El Convenio N.° 87 (1948), (Ley 45 de 2 de febrero de 1967), de la Organización Internacional del Trabajo sobre libertad sindical y la protección del derecho de sindicación, por conducto de la resolución de 30 de diciembre de 2015.

4. El Convenio N.° 87 y el Convenio N.°98, (1949), (Ley N.°23 de 1.° de febrero de 1966), relacionado a la aplicación de los principios del derecho de sindicalización y negociación colectiva, ambos de la OIT, por medio de la resolución de 30 de agosto de 2017.

B. LOS CONVENIOS INTERNACIONALES, LA LEY Y LAS NORMAS CON VALOR DE LEY

También son fuentes del Derecho Colectivo otros tratados internacionales, las leyes y las normas con valor de ley.

Los tratados son normas internacionales emanadas del acuerdo de dos o más Estados o de los Estados con organismos internacionales. Los convenios son otra forma de denominar a los tratados. Los tratados o convenios deben surtir los trámites de la aprobación interna y de la ratificación posterior para que tengan efectos en el territorio nacional.

La ley emerge del organismo interno con capacidad constitucional para expedirla, en este caso la Asamblea Nacional, y que debe ser sancionada y promulgada por el Órgano Ejecutivo.

Existen disposiciones que no fueron dictadas mediante el procedimiento anteriormente mencionado, que tienen categoría de ley, según nuestra jurisprudencia.

Todo tratado o convenio, acuerdo internacional referido al trabajo, sea proveniente de cualquier organismo internacional o en especial de la Organización Internacional del Trabajo, debe someterse a la aprobación de la Asamblea Nacional y a la ratificación del Órgano Ejecutivo; de ese modo se incorporan al régimen interno de la República de Panamá y sus disposiciones deben acatarse al tenor del artículo 4 de la Constitución Política. En Colombia, la Constitución de 1991, en su artículo 32, dice categóricamente que "Los convenios internacionales de trabajo debidamente ratificados hacen parte de la legislación interna".

En la eventualidad de que existan normas internas menos favorables a los trabajadores que entren en colisión con el tratado, Panamá debe, en razón de ese artículo 4, "adecuar su legislación interna conforme con las orientaciones y el marco jurídico plasmado en los tratados suscritos por Panamá, o bien el reconocimiento de la vigencia del derecho internacional, a través del cumplimiento de tratados, convenios o instrumentosratificados conforme al procedimiento establecido en la Constitución y la Ley". (Fallo de 30 de abril de 2003, acción de inconstitucionalidad, Corte Suprema). Sin embargo, es evidente, que si las normas internas (legales, reglamentarias, convencionales, etc.) son más beneficiosas para los trabajadores que el convenio de la OIT, tienen prevalencia y se aplican, en vez del instrumento internacional, por razón del principio de la favorabilidad que impregna a todo el sistema jurídico nacional e internacional del trabajo.

Cuando la contradicción se manifiesta con respecto al texto constitucional, la doctrina reiterada de la Corte Suprema de Justicia ha sido que los tratados tienen rango legal y pueden confrontarse con el Carta Magna, porque están sujetos al control de la constitucionalidad. Por lo tanto, si las disposiciones del tratado ratificado por Panamá chocan con la Constitución, el Pleno de la Corte puede declararlas inconstitucionales, (resolución del 23 de mayo de 1991, resolución de 23 de mayo de 1991 y en resolución de 27 de enero de 2003), pues los tratados son leyes orgánicas y no tienen jerarquía constitucional, salvo el caso de los tratados sobre derechos humanos previamente mencionados y adscritos por la propia Corte al Bloque de Constitucionalidad, aunque en realidad los convenios de la OIT son tratados sobre derechos laborales y como bien sentenció la Corte Constitucional de Colombia: "los derechos laborales son derechos humanos, pues así son reconocidos universalmente en numerosos instrumentos internacionales..." (Sentencia T-568 del 10 de agosto de 1999. Ponente: Carlos Gaviria Díaz).

De esta forma, por ejemplo, en teoría entonces el Convenio de la OIT, sobre el derecho de asociación en la agricultura, N.°11 (1921), ratificado por Panamá y el cual exige a todo miembro de la Organización Internacional del Trabajo que ratifique este convenio asegurar a todas las personas ocupadas en la agricultura los mismos derechos de asociación y de coalición que a los trabajadores de la industria, y a derogar cualquier disposición legislativa o de otra clase que tenga por efecto menoscabar dichos derechos en lo que respecta a los trabajadores agrícolas (art. 1), tendría la categoría de ley y podría ser materia de control de constitucionalidad. Afortunadamente, el derecho de asociación sindical está resguardado por los convenios N.° 87 y N.°98, colocados, por la guardiana de la Constitución, al mismo nivel del texto constitucional.

Todo Código es una ley orgánica, lo mismo la ley que pretenda modificarlo, reformarlo o derogarlo. El Código de Trabajo debe ser entonces una ley orgánica. El Código de Trabajo de 1948, ya derogado, fue aprobado mediante una ley orgánica (Ley 67 de 1947). Únicamente quedaron vigentes, después de la promulgación del Código de Trabajo de 1972, las normas sobre la jurisdicción de trabajo, hoy subrogadas. Todas las transformaciones de dicho Código constituyen leyes orgánicas. En este sentido, las modificaciones introducidas a la Jurisdicción de Trabajo por la Ley 7 de 25 de febrero de 1975, por medio de la cual se crean dentro de la Jurisdicción Especial de Trabajo las Juntas de Conciliación y Decisión y la Ley 40 de 1º de agosto de 1975, por la cual se modifican algunos artículos de la Ley 67 y se dictan medidas, son de carácter orgánico.

El Código de Trabajo de 1972, si bien no es una ley formal; es una ley material; sus disposiciones tienen fuerza de ley, de conformidad con la jurisprudencia de la Corte Suprema de Justicia; en este caso de ley orgánica y todas sus reformas también. Entre estas, basta con citar la Ley 95 de 31 de diciembre de 1976, la Ley 3 de 3 de febrero de 1981, la Ley 8 de 30 de abril de 1981, la Ley 1 de 1.º de marzo de 1986 y la Ley 44 de 12 de agosto de 1995.

B. LOS DECRETOS REGLAMENTARIOS

El Órgano Ejecutivo está autorizado para promulgar decretos, en virtud de la potestad reglamentaria discrecional o de la potestad reglamentaria reglada, ambas atribuidas por la Constitución en el artículo 184. Por la primera, puede reglamentar los servicios establecidos en la propia Carta Magna (num. 10). Por la segunda puede reglamentar las leyes que lo requieran para su mejor cumplimiento, sin apartarse en ningún caso de su texto ni de su espíritu (num. 14).

El Órgano Ejecutivo, en materia de Derecho Colectivo, ha promulgado muy pocos decretos, dirigidos a reglamentar distintos artículos del Código de Trabajo, a saber:

1. El Decreto N.º32, de 10 de agosto de 1994, por el cual se reglamentan los artículos 487 (huelga en los servicios públicos), 493 y 495 (efectos de la huelga) del Código de Trabajo.

2. El Decreto N.º18, de 20 de mayo de 2009, "Por el cual se reglamentan los artículos 398, 400, 401, 403 y 431 del Decreto de Gabinete N.°252 de 30 de diciembre de 1971 (Código de Trabajo), modificado por la Ley 2 de 1993".

3. El Decreto Ejecutivo N.º 26, de 5 de junio de 2009, "Por el cual se establecen los parámetros a tomar en consideración en relación conel porcentaje de trabajadores que laborarán en los turnos de los servicios públicos durante la huelga en estos, de acuerdo con lo establecido en el

artículo 487 del Código de Trabajo"

4. El Decreto Ejecutivo N.°27, de 5 de junio de 2009, por "medio de la cual se adoptan medidas destinadas a preservar la independencia y autonomía de las organizaciones sindicales de trabajadores".

C. LA CONVENCIÓN COLECTIVA DE TRABAJO

La convención colectiva se puede pactar a través de la conciliación del Ministerio de Trabajo y Desarrollo Laboral o a través de la vía directa entre sindicato y empleador, y tendrá una duración no menor de dos años ni mayor de cuatro años.

La convención colectiva de trabajo es todo acuerdo escrito relativo a las condiciones de trabajo y de empleo celebrado entre un empleador, un grupo de empleadores o una o varias organizaciones de empleadores, por una parte y, por la otra, uno o varios sindicatos, federaciones, confederaciones o centrales de trabajadores (art. 398, C. de T.).

La convención colectiva de trabajo es, por tanto, fuente creadora de derechos y obligaciones. Ella "contiene disposiciones *erga omnes*, con validez para todos los trabajadores de la misma categoría profesional sin importar que sean o no socios del ente sindical, por lo que ostentan categoría igual a la de la ley".[9]

D. EL REGLAMENTO INTERNO DE TRABAJO

En toda empresa o establecimiento donde laboren diez o más trabajadores, el empleador está obligado a adoptar un reglamento interno de trabajo. El proyecto debe ser elaborado por este, conforme a las leyes, los decretos, las convenciones colectivas, los contratos individuales, las costumbres y los usos de la empresa.

Dicho reglamento, en términos generales, comprende "el cuerpo de normas de orden técnico y administrativo necesarias para la buena marcha de la empresa, así como las relativas a la higiene, primeros auxilios y seguridad en las labores..." (art. 185).[10]

En especial, debe contener, según dicho artículo 185 del Código de Trabajo los aspectos siguientes:

---

9. LÓPEZ GUERRA, Guillermo. *"Fuentes del Derecho del Trabajo. Ley y autonomía privada"*, en la ponencia recogida en la Memoria del Congreso Internacional: *"Las fuentes del Derecho del Trabajo en el sistema jurídico Latinoamericano"*, que fue publicada *Roma e America. Diritto Romano Comune* N.° 2, Revista di Diritto Dell'Integrazione e Unificazione del Diritto in Europa e in América Latina, Universitá "Tor Vergata", Mucchi Editore, Roma, 1996, p. 80.

10. La Sala de Casación Laboral de la Corte Suprema de Justicia de Colombia (sentencia de 11 de diciembre de 1980), ha expresado que el reglamento tiene como propósito "procurar el orden, la paz, la seguridad y la solidaridad, como factores indispensables a la actividad laboral y a la dignidad humana, en el proceso económico de la empresa". Citado por MORA ROJAS, Rafael Camilo. *"El reglamento interno de trabajo"*, en AA. VV. *Derecho del Trabajo actual.* Universidad Externado de Colombia, Bogotá, 2012, p. 226.

1. Las horas de entrada y de salida de los trabajadores, el tiempo destinado al descanso para las comidas y el período o los períodos de descanso durante la jornada;
2. El lugar y el momento en que deben iniciar y terminar las jornadas de trabajo;
3. La forma de remuneración y el lugar, el día y la hora de pago; y
4. Las disposiciones disciplinarias y la forma de aplicarlas.

E. LOS LAUDOS ARBITRALES

El *arbitraje* es un medio de solución de los conflictos colectivos de naturaleza económica.

El fallo dictado se denomina *laudo arbitral*. En ningún momento podrá afectar los derechos reconocidos por la Constitución, la ley, las convenciones colectivas y los contratos de trabajo, ni podrá fijar condiciones de trabajo inferiores a las ya existentes (art. 464).

El laudo arbitral tiene naturaleza normativa y equivale a ley entre las partes, para las cuales se establecen las nuevas condiciones de trabajo. Su incumplimiento brinda el fundamento legal para reclamar por vía del proceso ejecutivo, abreviado o común de trabajo, sin perjuicio del derecho de huelga (art. 470).

El laudo arbitral puede referirse al contenido total o parcial de una convención colectiva.

F. LA COSTUMBRE O LOS USOS

La costumbre para que sea aplicable o imperativa requiere de los dos elementos: el elemento objetivo (la práctica repetida, constante, uniforme y general) y el elemento subjetivo (el convencimiento que la práctica se da con arreglo a Derecho).

El artículo 70 del C. de T. la consagra la costumbre, al igual que los usos, como fuente de Derecho. La disposición advierte que, además de lo establecido en la ley, el contrato de trabajo obliga a lo expresamente pactado y a las consecuencias que sean conformes a aquélla, la buena fe, la equidad, y la costumbre o el uso más favorable al trabajador.

G. LA JURISPRUDENCIA

"Tradicionalmente la jurisprudencia ha sido definida como el conjunto de fallos uniformes y reiterados que respecto a determinada cuestión jurídica emiten los tribunales de justicia en última instancia, con la finalidad de favorecer la interpretación y aplicación de las normas legales".[11]

La jurisprudencia es fuente general o particular del Derecho Colectivo de Trabajo. El Tribunal Constitucional del Perú la reconoce

---

11. ARÉVALO VELA. Artículo citado, p. 384.

como fuente particular cuando aduce que "en nuestro sistema jurídico la jurisprudencia también es fuente de derecho para la solución de los casos concretos, obviamente dentro del marco de la Constitución y de la normatividad vigente".[12] Pero, la jurisprudencia puede ser fuente general de Derecho. En Panamá, se trata de las decisiones de la Corte Suprema de Justicia que declaran la inconstitucionalidad (Pleno) o la ilegalidad (Sala de lo Contencioso-Administrativo) de normas jurídicas. Así, desde el momento en que la Corte, en el marco de sus funciones, declara la inconstitucionalidad o la ilegalidad de cualquier palabra, frase, oración, norma o artículo, etc., está asumiendo la potestad de crear o eliminar, en su caso, el Derecho; pues dicha declaratoria cambia el sentido de la norma o la sustrae totalmente del ámbito jurídico, alterando o modificando de ese modo el régimen imperante.

Es más, en el tema contencioso administrativo, la Corte no está solamente facultada para anular los actos acusados de ilegalidad, sino que también puede estatuir nuevas disposiciones en reemplazo de las impugnadas. En este caso, a las funciones de aplicación o interpretación del Derecho, se le agregan funciones legislativas porque al final expresa cómo queda el tenor de las normas en el sistema jurídico o produce disposiciones nuevas.

GUÍA DE ESTUDIO

1. ¿Como se define el Derecho Colectivo de Trabajo y cuál es su finalidad?
2. ¿Cuáles son las características del Derecho Colectivo de Trabajo?
3. ¿Cuál es el contenido el Derecho Colectivo de Trabajo?
4. ¿Cuáles son las fuentes formales del Derecho Colectivo de Trabajo?

12. *Idem.*

Lección II
LOS ANTECEDENTES, EL ORIGEN Y LA EVOLUCIÓN HISTÓRICA DE LOS SINDICATOS

I. ASPECTOS GENERALES

Desde época muy antigua el hombre se agrupó en gens, familias, clanes, tribus y sociedades.

La *gens*, locución de origen latina que ha dado origen a los términos genes, genética, genetista, generación, genio, génesis y gente, entre otros, fue una forma de colectividad constituida por el conjunto de personas agrupadas por vínculos consanguíneo, que fue el núcleo de producción esencial en los pinitos del régimen de la comunidad primitiva, en donde el trabajo era colectivo y los frutos de ese trabajo también lo era. Un anciano electo se encontraba al frente de ella. El desarrollo social fue incrementado el número de gens, que se congregaron en *fratrias* (fraternidades); estas en *tribus*, las que por su parte integraron las uniones de tribus.

La gens contribuyó a la formación del Estado en la Antigua Roma. Estas gens, que antecedieron la monarquía de los siete reyes, estaban agrupadas por esos vínculos de parentesco consanguíneo y se jactaban de provenir de un antepasado común de origen *"mítico"*, que le daba el nombre gentilicio. Cada gens tenía su territorio, sus propiedades, sus cultos y sus ritos funerarios comunes, y se sometían a los poderes de un dirigente, el más anciano del grupo.

La *familia* se deriva de las gens. Sin embargo, en la Antigua Roma la familia implica una concepción más amplia. Está formada no solo por los "cognados", es decir, los parientes consanguíneos, sino también a los "agnados", o sea, los parientes por vía civil (esposas, y adoptados). Así, la familia está formada por los padres, los hijos y los parientes, pero además por todas los que están sujetos a la autoridad del *paterfamilias*, lo que envolvía inclusive a los esclavos (*res*). Este tenía autoridad sobre las personas y los bienes de la familia. Ulpiano resumía el concepto así: "llamamos familia en sentido propio (familia *propio iure*) a un grupo de personas vinculadas entre ellas por el hecho de estar sometidas a la voluntad de uno solo, el *paterfamilias".*

La palabra *clan, según el Diccionario de la Real Academia*, procede del inglés *clan,* este del gaélico *clann* "hijos, descendencia", y este del latín "*planta, brote*". En Escocia, el clan es "conjunto de personas unidas por un vínculo familiar". En otra acepción, es "Grupo, predominantemente familiar, unido por fuertes vínculos y con tendencia exclusivista". Así, el clan es "Grupo social formado por un número de familias que descienden de un antepasado común, real o mitológico, y que reconocen la autoridad de un jefe".

La palabra *tribu*, de acuerdo con la Real Academia, tiene su origen en el latín *tribus.* Una primera acepción indica: "Cada uno de los grupos de origen familiar que existían en algunos pueblos antiguos. Las doce tribus de Israel". Una segunda acepción expresa: "Grupo social primitivo de un mismo origen, real o supuesto, cuyos miembros suelen tener en común usos y costumbres". Tambien se dice que la tribu es la "Agrupación o asociación social y política propia de pueblos primitivos e integrada por un conjunto de personas que comparten un origen, una lengua, unas costumbres y unas creencias y que obedecen a un mismo jefe".

El vocablo *sociedad,* del latín *sociétas o sociétatis,* constituye, al tenor de la misma fuente, un conjunto de personas, pueblos o naciones que viven bajo reglas comunes. Los seres humanos son entes gregarios y por tal razón fundaron la sociedad, desde el momento en que entre ellos celebraron el *contrato social,* acorde a las ideas de Juan Jacobo Rousseau.

Pero, bien decía este mismo autor, toda sociedad está integrada de otras pequeñas y de diferentes especies, en las que se agrupan los seres humanos con base en un interés común. Es un espíritu de unión consustancial a la naturaleza humana que tiende a vivir en forma gregaria, es decir, en comunidad. El sindicato no escapa a esa realidad. Así como los hombres se han agrupado para sobrevivir, fundar poblaciones, defender sus ideas, lograr fines religiosos, culturales, educativos y políticos, entre otros, los trabajadores se han organizado, en esa actitud gregaria, para proteger y defender sus intereses laborales comunes.

II. ANTECEDENTES

A. LOS COLEGIOS ROMANOS

La sociedad de la antigua Roma se compone de dos clases de hombres: los *libres* y los *esclavos*. Los hombres libres son los *patricios,* la clase dominante que desciende de aquellos que fundaron Roma y constituía la nobleza durante la monarquía, y los *plebeyos*, que son los elementos del pueblo romano, integrados por artesanos, pequeños comerciantes, empleados, campesinos, peones, pastores, libertos, etc. Los *caballeros* (*équites*) son una casta sobresaliente de los plebeyos porque cuentan con suficientes recursos económicos por razón del ejercicio del comercio y de la industria.

Desde la época de la monarquía los artesanos libres se asocian en *collegia*. Estos colegios, que constituyen la fórmula antecedente de las corporaciones medievales, tienen en sus prolegómenos un sello religioso (*sodalitas*: espacios de culto y organismos funerarios), de asistencia y ayuda mutua entre los agrupados. La ulterior evolución les permite atisbar fines profesionales. Estos son regidos por su propio estatuto (*Lex colegii*), que establecían su finalidad, sus órganos de gobierno, sus reglas de admisión de los miembros y los demás asuntos pertinentes. Existen entonces colegios (*collegia opificum*) de artesanos, músicos, médicos, enseñantes y otros para la tutela de sus intereses estamentales. Las demandas en pro del salario, que logran regular, los vinculan a las luchas políticas que ocurren cotidianamente en Roma entre los patricios y los plebeyos.

Según el jurista romano Gayo, cada colegio puede formarse con al menos tres miembros y un patrimonio común, diferente al patrimonio individual de los asociados. Sus órganos de gobiernos son la asamblea de asociados (*populus colegii*), el órgano de dirección (*ordo decurionum*) y los órganos personales (*magistri, curatores, quinquennali*, etc.). En su desarrollo llegaron a poseer capacidad jurídica y titularidad de derechos y obligaciones patrimoniales, incluyendo en derecho de propiedad sobre determinados bienes.

La Ley de las XII Tablas permite la libertad para constituir los colegios. En la República, Julio César, quien se beneficia de su acción política, ya en el poder promulga la *Lex Julia de collegiis*, que los proscribe. En la época del Imperio, Augusto admite su reaparición legal, pero elimina el sistema antiguo de la libre formación. En adelante, los *collegia* de picapedreros, marmolistas, vinateros, aguadores, arrieros y todos los demás necesitan autorización previa para existir y actuar en la sociedad romana.

En las postrimerías del Imperio, estas organizaciones adquieren relevancia inusitada que favorece su desarrollo amplio e intenso, toda vez que el número de esclavos declina, hecho que determina mayor demanda del trabajo de los hombres libres. De ahí, entonces, que los emperadores Marco Aurelio y Alejandro Severo dictan sendas reglamentaciones que les conceden claros derechos y privilegios.[13] El hundimiento del Imperio Romano de Occidente ocasionó la decadencia sistemática de los colegios que les acarreó su total desaparición.

B. LAS GUILDAS

Las guildas se fraguan en el siglo VII después de Cristo en Alemania y en los pueblos sajones o escandinavos. Las "guildas fueron especies de familias artificiales formadas por la conjunción de la sangre y ligadas por el juramento de sus miembros para ayudarse mutuamente en cualquier estado de peligro".[14]

Se trata de asociaciones religiosas o sociales, de mercaderes o de artesanos. Las guildas religiosas o sociales son asociaciones de creyentes y se ocupan de la defensa mutua de sus miembros.

---

13. Cfr. DE LA CUEVA, Mario. *Derecho Mexicano del Trabajo*. Tomo I, 12.ª edición, Editorial Porrúa, S. A., México, 1970, p. 8; DE FERRARI, Francisco. *Derecho del Trabajo*. Volumen I, 2.ª edición, Ediciones Depalma, Buenos Aires, 1977, pp. 46 y 47.
14. GUERRERO FIGUEROA, Guillermo. *Derecho Colectivo del Trabajo*. 9.ª edición, Editorial Leyer, Bogotá, 2005, pp. 43 y 44.

Las guildas de mercaderes tienen la misión de asegurar la protección de la persona y de los bienes de los asociados. En el siglo XII las guildas de mercaderes de ciudades alemanas del norte, bálticas, rusas, suecas, polacas y holandesas se confederan para defender sus intereses comerciales y de los ataques de los corsarios, los piratas o d otras ciudades como es el caso de la famosa Liga Hanseática. (Liga de las *Hanse*, es decir, de las Guildas), que logra contar con un número de 200 ciudades y una existencia de 300 años.

Las guildas de artesanos se instituyen para la protección y la defensa del trabajo. Únicamente estas guildas de artesanos se pueden considerar antecedentes de los sindicatos.[15]

Las guildas tienen sus estatutos y una organización democrática que implica la participación de todos sus miembros en la asamblea, la elección de sus autoridades y la administración de sus fondos. También, reglamentan el tiempo, la forma y la calidad del trabajo.

Pero, estas organizaciones en su desarrollo adquieren las características de los gremios o las corporaciones. Así, asumen la estructura tripartita que caracteriza al modelo francés: aprendices (*discipuli*), compañeros (*famuli*) y maestros (*magistri*).

C. LOS GREMIOS O CORPORACIONES

La segunda etapa de la sociedad feudal expresa el sesgo de reagrupamiento de la población en ciudades, el aumento sustancial del número de habitantes de estas, el desarrollo del comercio y el incremento del intercambio comercial entre dichos centros urbanos, el surgimiento y el fortalecimiento de los gremios o corporaciones de artesanos o de mercaderes, y la aplicación de nuevas técnicas y sistemas en la explotación del trabajo agrícola.

La *corporación o gremio*, también llamada por los germanos *guilda* -según apunta Alberto José Carro Igelmo- "*era una asociación de patronos organizados para defender sus intereses frente al consumidor y frente a los compañeros, extendiendo su acción hasta la defensa de sus intereses frente a los señores, a los municipios y a la autoridad, en general, cuando intentaban acosarlos demasiado*".[16]

Sus características más sobresalientes -sigue apuntando- son:

"a) *Obligatoriedad*, ya que quien no pertenecía al Gremio no podía ejercer la profesión.

b) *Horizontalidad*, puesto que solo podían pertenecer a los mismos los patronos. Los aprendices y los oficiales solo tenían la promesa o la

---

15. Cfr. CABANELLAS, Guillermo. *Derecho Sindical y Corporativo*. Bibliográfica Argentina, Buenos Aires, 1959, p. 29.
16. CARRO IGELMO, Alberto José. *Historia social del trabajo*. 5.ª Edición, Bosch, Casa Editorial, S. A., Barcelona, 1982, pp. 130 y 131.

esperanza de ingresar algún día cuando cumpliesen las condiciones del necesario pago del tiempo y realizasen el correspondiente examen.

c) *Normatividad*, ya que reglamentaban la profesión en todos sus aspectos: humano, material y técnico.

d) *Espiritualidad*, porque estaban basados en la idea de lealtad y confianza recíprocas.

e) *Religiosidad*, que se manifestaba al colocarse bajo la protección de la Iglesia, impetrando la ayuda de un Santo Patrono.

f) *Previsión*, puesto que establecieron un amplio, aunque imperfecto, sistema de socorros mutuos".[17]

Sea como fuere, el monopolio del trabajo está en manos de los gremios de oficios o corporaciones. En la Europa Occidental se destacan dos modelos: el italiano y el francés. El modelo italiano establece una jerarquía doble de categorías profesionales, en donde figuran en escala descendente los *maestros* (quienes son los dueños de los talleres), y los *oficiales*. El otro modelo, proveniente del ingenio francés, que es el clásico, la jerarquía es triple, ya que en el vértice superior se encuentran los *maestros* (igualmente titulares de los talleres), luego le siguen también en escala descendente los *oficiales* y por último los *aprendices*.

Cualquier individuo, en teoría, puede ingresar al trabajo en calidad de aprendiz y después de concluido el proceso de aprendizaje es ascendido a oficial y de allí tiene la posibilidad posteriormente de llegar a maestro, o sea, jefe propietario del taller artesanal, quien está en la cúspide de la estructura jerárquica.

Sin embargo, la realidad supera con creces la teoría, pues -como acertadamente anota Mario de la Cueva- el ingreso a los talleres artesanales se va controlando escrupulosamente y como consecuencia los cargos se hacen hereditarios; se requiere un vasto y riguroso proceso de aprendizaje y de práctica para ascender de puesto y se somete a quien aspira al cargo de maestro, "a un severo examen que consistía, a más de otras pruebas, en exigir la creación de una obra maestra".[18]

Estas causas contribuyen a la destrucción del régimen de corporaciones u oficios; mas hay otras muy serias que marchan con los nuevos tiempos anejos a los cambios económicos y sociales, que determinan la aparición y el desarrollo del sistema capitalista. Así, como dice Mario de la Cueva, "La producción corporativa se hizo insuficiente para llenar las necesidades de los hombres y de los pueblos. El aumento de las relaciones en cada Estado y de los Estados entre sí, el comercio creciente, las nuevas rutas, el descubrimiento de América, el progreso de las ciencias y de la técnica, el desarrollo del capital, etc., produjeron un cambio en la estructura económica y pusieron de manifiesto la contradicción con el ordenamiento

17. *Ibidem*, p. 132.
18. DE LA CUEVA. *Op. cit.*, p. 11.

corporativo, al que, a la postre hicieron saltar. La manufactura fue la primera brecha en el régimen, al intensificar la producción y derramar las mercancías en el exterior. La economía de la ciudad y el sistema de clientela cedieron el puesto a la economía nacional y al sistema capitalista".[19]

III. LA SOCIEDAD INDUSTRIAL Y LOS SINDICATOS

La Revolución Industrial es un proceso de transformación tecnológica, económica y social, que hizo su aparición en la segunda mitad del siglo XVIII en el Reino Unido de Gran Bretaña y luego se extiende por toda Europa Occidental y la América anglosajona. En esa época surgen los inventos tales como la máquina de vapor, la máquina de hilar, el molino tejedor con fuerza hidráulica, el telar mecánico, etc. El vapor como nueva fuente de energía impulsa el empleo de máquinas en la agricultura y en la industria. Esos inventos eliminan los talleres artesanales y dan lugar a la aparición de las fábricas, y de los nuevos y modernos medios de carga y comunicación y al subsiguiente capitalismo industrial.[20]

Las máquinas, grandes y costosas no caben en los talleres artesanales. Los capitalistas que las adquirieren, necesitan de enormes edificios y de obreros preparados para su operación, bajo su dirección, supervisión y vigilancia. El desarrollo de estas fábricas requiere no solo de vastas estructuras, sino de número considerable de operarios para satisfacer la producción en masa y satisfacer tanto el mercando nacional como el internacional.[21]

La concentración de trabajadores en las ciudades hace que las fábricas tengan mano de obra cuantiosa a su disposición, lo que permite a los fabricantes contratar operarios a bajos salarios y especialmente a las mujeres y los niños que son mano de obra más barata y de menos inconvenientes a sus intereses. La explotación laboral toma un serio cariz: jornadas diarias inhumanas y extendidas, salarios de hambre, centros de trabajos inseguros, condiciones laborales insalubres y peligrosas.

Pero, nadie aguanta tal situación desfavorable para su condición y tan dañina para la vida y la salud. Por eso, los operarios protestan a través del delito de hurto, que algunos autores llaman robo, calificado la "más grosera, la más horrible forma de tal rebelión".[22]

Luego se produjo la destrucción de los instrumentos de trabajo y de las fábricas, otra forma de infracción penal denominada delito de daños.

---

19. *Ibidem*, pp. 11 y 12.
20. Cfr. MARTÍN, Miguel Ángel. *Civilización*. Tomo I, Editora Pérez y Pérez, S. A., Panamá, 1885, p. 998.
21. Cfr.*Ibidem*,pp.1000 y 1002.
22. ENGELS, Federico. *La situación de la clase obrera en Inglaterra.* Editorial Esencias, Buenos Aires, 1974, p 27, citado por JIMÉNEZ LISCAS, Raúl. *Historia del movimiento sindical internacional.* La Primera Internacional (Asociación Internacional de los Trabajadores). 1.ª edición, Folleto II, Colección: Escuela de Formación Sindical, Escuela de Educación para Trabajadores, Ediciones Eedut, México, 2009, p. 4.

Llamado luddista, porque estaban inspirados por el tejedor Ned Ludd, quien fue el primer trabajador que pulverizó un telar moderno, en "1810, creció en Nottingham, Inglaterra otro movimiento obrero que centró toda su rabia contra la explotación destruyendo e incendiando fábricas y maquinaria", que al año siguiente alcanzó "su apogeo quemando máquinas y fábricas". Aunque el Parlamento británico en 1769 había promulgado una primera ley contra los asaltos o los incendios de las máquinas y las fábricas, en 1812, se vio obligado votar otra ley "contra estas rebeliones obreras, condenando a todo aquel que quemara, destruyera o atacara una máquina o fábrica a morir ejecutado".[23]

Estas situaciones llevan a las revueltas obreras. Las pioneras ocurren en Gran Bretaña y en Francia. La primera rebelión obrera se registra en 1826, en Gran Bretaña. Cuatro años más tarde, en la ciudad francesa de Lyon, los tejedores se sublevan para reclamar un salario mínimo establecido por ley que les dejara sobrevivir y dos años después se produce otra rebelión obrera en esta misma ciudad por el aumento de los salarios.[24] En el Primer Congreso Cartista, cuyo motor inicial es la Asociación de los Obreros de Londres, reunido en esta ciudad, se debate la noción de la huelga general como el método de lucha para lograr la conquista de los derechos.

Estas y otros vicisitudes de esos años y los años siguientes los llevan a adquirir conciencia de la sociedad en que viven y la necesidad de buscar mecanismos para oponerse a la explotación y lograr que se les reconozca no solo su condición de seres humanos, sino también que se les reconozcan derechos y beneficios de esa producción que el trabajadorcon su esfuerzo logra alcanzar, se decantan por la organización. Así, en esa década del treinta se constituyeron en Gran Bretaña las primeras organizaciones obreras, algunas de corte mutualista, a saber: la *Gran Unión Nacional de Uniones Obreras,* la *Sociedad Mutual de Obreros Agrícolas* y el *Comité Central Metropolitano de los Sindicatos, la Liga de los Conscriptos* (transformada en *Liga de los Justicieros*), la *Sociedad de Mujeres Tejedoras del Oeste de Escocia* y la *Asociación de los Obreros.*[25]

La organización sindical conduce al fortalecimiento del movimiento obrero y las luchas sindicales de este conquistan, tras grandes sacrificios, del derecho de asociación, que permite a los obreros formar sindicatos (*Trade-Unions*) para fijar, regular, sostener o elevar el salario o convenir escalas de salarios, etc. Luego se conquistan los derechos de la negociación colectiva, de la contratación colectiva y de la huelga.

---

23. JIMÉNEZ LISCAS. *Ibidem*, pp. 5 y 6.
24. *Ibidem*, pp. 8 y 9
25. *Ibidem,* pp. 9, 10 y 11.

IV. LAS ETAPAS DEL MOVIMIENTO SINDICAL

"La noción de movimiento obrero o sindicalismo -dice Mariano Recalde- nace, entonces, recién en los albores de la sociedad capitalista industrial, cuyo punto de partida –vale recordar– es la abolición de las distintas formas de trabajo forzoso y la prestación de un servicio en relación de dependencia, caracterizado por la separación del trabajador de los instrumentos o medios de producción".[26]

"El movimiento sindical -dice Antonio Vásquez Vialard- se encarnó en los hechos, como una reacción contra esa situación de privilegio que, en la práctica, se tradujo en graves injusticias en la paridad de los cambios a cargo de una y otra de las partes. De acuerdo con la concepción prevalente en la época (sustrato de las referidas consecuencias), las citadas relaciones se regulaban en función de lo 'acordado libremente', lo que dio lugar a que surgieran situaciones de suma gravedad que, entre otras, se tradujeron en largas jornadas de labor en pésimas condiciones de higiene y seguridad, con bajos salarios que no permitían que los trabajadores pudieran hacer frente al gasto normal de mantenimiento de sus propias fuerzas vitales y las de su grupo familiar. Obviamente, ese proceso no incluía lo necesario para lograr un armónico desarrollo de esas personas". "De esa manera, se intentó -a través del ejercicio de un derecho natural básico, humano- lograr la asociación de quienes, en lo individual, tienen menor (por no decir, casi nula) capacidad de negociación, para que pudieran nivelar la situación. Ello hizo que a través del grupo y del uso de los pertinentes instrumentos de acción, se adquirieran los elementos necesarios para recomponeruna cierta equivalencia respecto de esa capacidad de diálogo, elemento imprescindible para alcanzar las condiciones que posibiliten un trato justo, humano".[27]

"La noción de movimiento obrero se construye sobre la concurrencia de tres elementos que aparecen en los albores de la sociedad capitalista industrial:

1. La formación de la clase obrera a partir de las relaciones de producción capitalistas, cuyo punto de partida es la separación entre el trabajador y los instrumentos o medios de producción.

2. La aparición en el seno de este grupo social de una toma de conciencia de la condición obrera, de una auténtica conciencia de clase como núcleo solidario de intereses propios y contradictorios con los de la burguesía [...].

---

26. RECALDE, Mariano. *Manual de Derecho Colectivo del Trabajo*. 1.ª edición, EDUNPAZ, Editorial Universitaria, Universidad Nacional de José C. Paz, Buenos Aires, 2017, p. 33.

27. VASQUEZ VIALARD, Antonio. *"Sindicatos y movimiento obrero. Asociacionismo empresarial"*, en *Instituciones de Derecho del Trabajo y de la Seguridad Social*. Coordinadores: Néstor De Buen Lozano y Emilio Morgado Venezuela. Academia Iberoamericana de Derecho del Trabajo y de la Seguridad Social. Universidad Nacional Autónoma de México, México, 1997, p.156.

3. Esta convicción de clase diferenciada (conciencia de clase, conciencia obrera) no basta por sí sola para la emergencia de un proletariado militante. Se ha de producir históricamente una toma de conciencia adicional por parte de la clase obrera: la de ser un grupo social desprovisto de instrumento legales y políticos capaces de modificar *su* status económico y social. La movilización contra el sistema económico burgués (modo de producción capitalista y sistema de clases sociales), a través de organizaciones, políticas o sindicales portadoras de un proyecto revolucionario de sustitución del sistema de trabajo asalariado, constituye propiamente la noción de *movimiento obrero*".[28] Este puede definirse como "la serie de instituciones en que se agrupan los trabajadores y todos aquellos que optan por militar a su lado, conscientes unos y otros de su solidaridad, y de la unidad que para ellos tiene organizarse a fin de precisar sus objetivos comunes y de proseguir su realización".[29]

Así pues, la formación y el desarrollo del movimiento obrero, así como las luchas sindicales por ellos protagonizadas juegan un papel fundamental en la cuestión. Los sindicatos enfrentan duras pruebas como "la estructura hermética del sistema político y jurídico de la burguesía, que no mostraba ninguna fisura en los comienzos del siglo pasado; la actitud abstencionista del estado expresada en la fórmula *laisser-faire, laisser-passer* [...] cuya consecuencia inmediata consistió en la imposibilidad jurídica de preparar una legislación para las relaciones entre el capital y el trabajo...", etc.[30] La lucha se perfila en un "doble objetivo: un fin inmediato, condición indispensable para el triunfo, la conquista de los bastiones que tenían como lemas la negación de las libertades de coalición, de sindicación y de huelga; la toma de esos bastiones abriría el camino a la finalidad mediata y suprema: la lucha :ara imponer a la burguesía la negociación y la contratación colectiva de las condiciones de prestación de los servicios".[31]

El movimiento obrero en esas vicisitudes experimentó tres etapas bien definidas, que son las siguientes: 1. La etapa de la prohibición; 2. La etapa de la tolerancia: y 3. La etapa del reconocimiento jurídico. Esta etapa se subdivide en: a). Reconocimiento legal; y b) Reconocimiento constitucional.

A. LA ETAPA DE LA PROHIBICIÓN

Se trata de la primera etapa por la que transita el movimiento obrero producto del triunfo armado de la burguesía a través de la Revolución

28. PALOMEQUE LÓPEZ, Carlos Manuel y ÁLVAREZ DE LA ROSA. Manuel. *Derecho del Trabajo.* 4.ª edición, Editorial Centro de Estudios Ramón Areces, S. A., Madrid, 1996, p. 62.
29. DAVID, M. *Les travailleurs et le sens de leur histoire.* Cujas, París, 1967, p. 94, citado por PALOMEQUE y ÁLVAREZ DE LA ROSA. *Idem.*
30. DE LA CUEVA. *Op. cit.*, p. 13.
31. *Ibidem*, pp. 13 y 14.

Francesa, cuya visión ideológica se extiende a sus vecinos europeos y allende los mares. Con esta Revolución, el sistema capitalista coloca a la cabeza del Estado francés a la clase que brota de sus entrañas, la cual por naturaleza es opuesta a cualquier tipo de organización que rememore a los gremios o las corporaciones que son prohibidos por la Ley Le Chapelier de 1791. Esta ley. cuyo antecedente fue el Edicto de Turgot, promulgado ante de la Revolución Francesa por este ministro del rey Luis XVI, dispuso en su artículo 1, lo siguiente:

> "siendo una de las bases fundamentales de la Constitución francesa la abolición de toda clase de corporaciones de ciudadanos del mismo estado o profesión, queda prohibido establecerlas de hecho, bajo cualquier pretexto o cualquier forma".

Esta misma ley proscribía las huelgas o cualquier otra acción de los trabajadores que pudiera afectar la libertad la libertad de comercio:

> "Si, contra los principios de la libertad y la Constitución, ciudadanos de la misma profesión, arte u oficio se confabulan y conciertan para rehusar al ejercicio de su industria o de su trabajo, o no acceden a prestarlos sino por un precio determinado, tales acuerdos y confabulaciones, acompañadas o no de juramento, serán declarados inconstitucionales y atentatorios a la libertad y la Declaración de los Derechos del Hombre" (art. 4).

En este sentido, se estima que cualquier estructura de los trabajadores fabriles, al igual que los defenestrados gremios o corporaciones, se opone a la libertad de trabajo, pregonada y practicada por la burguesía, en armonía con el avance del sistema capitalista.

El complemento de esa ley fue el Código Penal de 1810 que tipificó el delito de coalición, de modo que los trabajadores que se organizaran incurrían en este delito.

La etapa de la prohibición en Gran Bretaña "tuvo su origen en la creación jurisprudencial del Common Law que, de acuerdo con la enseñanza de las teorías económicas prevalentes en esa época, estimó que esas asociaciones, en cuanto intentaban lograr mejoras en los salarios y en las condiciones de trabajo (es decir, limitando el ejercicio de la libertad de comercio e industria), contrariaban el interés público. Una situación similar se produjo en los demás países que iniciaban su periodo de industrialización, tanto en Europa como en Estados Unidos, no obstante que, en algunos de ellos, en otros sectores de la vida, se admitiera el ejercicio del derecho de asociarse".[32]

Prontamente, "las *Combinations Acts* de 1799 y 1800 declaraban ilegales todos los convenios celebrados por los trabajadores. para obtener

32. VASQUEZ VIALARD. Artículo citado, p. 162.

incremento de salarios o disminución de jornadas de trabajo, calificándoselos como conspiraciones contra la libertad de comercio e industria. También en estos casos el quebrantamiento de sus disposiciones daba lugar a la aplicación de sanciones penales".[33]

Pero, hay otro elemento. El régimen ve en la ordenación obrera un peligro para su futuro y por eso impone medidas represivas severas. Efectivamente, "El carácter revolucionario de las sociedades de resistencia, amenaza cierta para las paredes maestras del orden burgués, provocaba al instante el reforzamiento de la prohibición incluso con la tipificación penal de la actividad sindical."[34]

"Estas prohibiciones, sin embargo, no lograron evitar que de todos modos se crearan organizaciones sindicales que desplegaran su accionar y que, incluso, obtuvieran mejoras en las condiciones de trabajo a través de la lucha. El contexto jurídico represivo obligaba a los trabajadores a desarrollar su actividad en la clandestinidad o bajo la cobertura de otro tipo de asociaciones, de socorros mutuos, hermandades y otras. A través de estas pantallas lograban actuar a pesar de la prohibición legal".[35]

Para Mario de la Cueva, esta es la *edad heroica del movimiento obrero y del Derecho del Trabajo*, porque se luchaba por ideas y principios relativos a las libertades: sindical, de negociación y de contratación colectivas y de huelga, las columnas vertebrales del nuevo Derecho que debía nacer para la protección de la clase obrera en el marco de una sociedad estatal cuya filosofía -imbuida por el pensamiento de los fisiócratas- se fundaba en la abstención en las actividades de los particulares.[36]

B. LA ETAPA DE LA TOLERANCIA

"A ese primer periodo -dice Vázquez Vialard- sigue uno de tolerancia, en el que en los distintos países, en forma sucesiva, se sancionaron leyes que, de acuerdo con nuevas corrientes ideológicas, despenalizaron el 'hecho sindical'". "En Inglaterra, en 1824, se sanciona una norma que abrogó las anteriores referidas a la prohibición de las coaliciones y, en el plano jurisprudencial, se suaviza la interpretación referida al carácter delictivo de las organizaciones sindicales, aunque se mantiene ese criterio respecto de determinadas acciones (huelgas, ocupaciones, etcétera). En la práctica, no obstante que no se pena el hecho en sí, el mismo no es reconocido como un derecho, sólo se lo tolera. Disposiciones legales similares a la inglesa, se sancionan en Francia (1842), Alemania del Norte (1869), Países Bajos (1872), Italia (189O). Por su parte, la jurisprudencia en Estados Unidos, a partir de una sentencia del Tribunal de Massachussets (1842), estimó la

---

33. RECALDE. *Op. cit.*, pp. 36 y 37.
34. PALOMEQUE y ÁLVAREZ DE LA ROSA. *Op. cit.*, p. 64.
35. RECALDE. *Op. cit.*, p. 37
36. DE LA CUEVA. *Op. cit.*, p. 15.

validez del 'hecho sindical', aunque algunas de sus acciones (tales como huelgas, 'piquetes') merecieran reproche".[37]

"El desarrollo del movimiento obrero -también expresan Manuel Carlos Palomeque y Manuel Álvarez de la Rosa iba a conducir paulatinamente en los distintos ordenamientos jurídicos a un levantamiento de la prohibición penal acerca de la constitución de sindicatos, bien que subsistieran importantes reductos de represión para la acción obrera y sindical, sobre todo una actitud defensiva por parte de los poderes públicos en la interpretación y el alcance del asociacionismo de los trabajadores".[38] En efecto, agrega Mariano Recalde, "El fracaso de las políticas represivas que (...), no lograron evitar el desarrollo del sindicalismo,sumado al hecho de que la opinión pública comprendía paulatinamentelas razones de la solidaridad obrera y que el sufragio universal daba lugaren los parlamentos a las doctrinas del socialismo y el socialcristianismo,generando al mismo tiempo un consenso sobre la inconveniencia de lasleyes represivas, comenzó un etapa caracterizada por la derogación de lasnormas que prohibían las organizaciones sindicales y que establecían eldelito de coalición".'En 1824 Gran Bretaña deroga las leyes sobre coalicionesy, en los años siguientes, se insistió en la consideración no delictiva del sindicalismo en cuanto tal, aunque se crearon otros tipos delictivos dirigidos específicamente contra determinadas acciones sindicales. En 1864 Francia hace lo propio, eliminando los delitos de coalición y de huelga del Código Penal. En 1866 se deroga la ley en Bélgica, en 1869 en Alemania del Norte y luego en Austria (1870), Holanda (1872) e Italia (1890). De todas formas, en estos países no se derogaron los delitos de atentado contra la libertad de trabajo e industria. En Estados Unidos se admitió la licitud de los sindicatos mediante una jurisprudencia de 1842 con la sentencia del Tribunal Supremo de Massachussets Commonwealth versus Hunt. Acto seguido los jueces norteamericanos utilizaron como técnicas antisindicales las *injunctions* o interdictos contra las huelgas y demás acciones colectivas de los trabajadores".[39]

C. LA ETAPA DEL RECONOCIMIENTO JURÍDICO

El reconocimiento de los sindicatos primero se produce en la legislación ordinaria y después se eleva a una jerarquía superior cuando se incorpora a los textos de la Constituciones Políticas.

1. Reconocimiento legal

Según Vásquez Vialard, "Este hecho se caracterizó por lo que cierta doctrina italiana designó como la *legislazione di sostegno*, según la cual,

---

37. VASQUEZ VIALARD. Artículo citado, pp. 162 y 163.
38. PALOMEQUE y ÁLVAREZ DE LA ROSA. *Op. cit.*, p. 65
39. RECALDE. *Op. cit.*, pp. 39 y 40.

la acción sindical, lejos de ser considerada como un delito o un hecho simplemente tolerado, merece reconocimiento y protección, en razón del rol que el propio Estado le reconoce a esas instituciones como promotoras del bienestar general. Se cierra así, un amplio espectro que describe los avatares por los que transcurrió el desarrollo de los sindicatos durante los siglos XIX y XX".

Este "tercera etapa de ese proceso lo constituye el reconocimiento del hecho en sí. La ley inglesa de 1871 (*Trade Union Act*), admitió la licitud de las decisiones adoptadas en ese ámbito. Respecto de los acuerdos sindicales, declara que los mismos no pueden ser anulados por la justicia, aunque no gozan de ejecutabilidad en este ámbito. Ante esa realidad, en el plano colectivo, los mismos se convierten en *gentlement's agreement*; su valor reside en el cumplimiento de la palabra empeñada. Tanto la doctrina como la jurisprudencia estimaron que los mismos (dentro del ámbito de representación de las partes sociales) se incorporan a los contratos individuales de trabajo, por lo que, en ese plano, adquieren plena validez jurídica". "En Francia se inició ese periodo de reconocimiento con la sanción de la ley Waldeck-Rousseau (1884), que requiere el depósito de los estatutos de la asociación en la respectiva municipalidad. La misma dejó sin efecto la decisión de que asistiera un representante gubernamental a las reuniones convocadas por los sindicatos. Sigue a ello un periodo que, como en los casos anteriores, su fecha de comienzo no coincide en los diversos países, y que puede calificarse como de promoción o consolidación de la autonomía colectiva. La acción sindical es considerada como un elemento necesario dentro de las relaciones laborales, por lo que no sólo se la reconoce, sino que goza de cierta 'protección'. Los acontecimientos más relevantes de este periodo lo constituyen los primeros convenios colectivos negociados en Estados Unidos en la industria automotriz, a principios de la década de los treinta, y la sanción en ese país de la ley Wagner (1935), así como los acontecimientos ocurridos en Francia con motivo del triunfo del Frente Popular (de neto corte pro-sindical). Éste favoreció la acción de las organizaciones sindicales y sus medios de acción, entre ellos, la ocupación de establecimientos (como antes había ocurrido en Estados Unidos)".[40]

"En todos los ordenamientos jurídicos -precisa Recalde- hay una disposición legislativa o una sentencia judicial que sanciona jurídicamente la legalidad formal y expresa de las organizaciones sindicales, abandonándose así la fase de la mera tolerancia de las mismas. La organización obrera no será ya, no sólo prohibida, ni siquiera simplemente tolerada, sino que gozará del reconocimiento y protección. Es el caso, así pues, de la Ley de asociaciones italiana (1864), de la *Trade Union Act* británica (1871), de la ley francesa *Waldeck-Rousseau* (1884), o de las Leyes norteamericanas *Clayton Act* (1914), *Norris Laguardia Act* (1932) o *Wagner Act* (1935), así

40. VASQUEZ VIALARD. Artículo citado, pp. 163 y 164.

como la sentencia del Tribunal Supremo de los Estados Unidos en el *Senn case* (1937), que significa la consagración del sindicalismo".[41]

2. Reconocimiento constitucional

"La plenitud del reconocimiento del sindicato por parte del Estado -apunta Recalde- se alcanza finalmente, con la constitucionalización de los derechos sindicales, dentro ya del modelo de 'Estado social de derecho'. El sindicato se convierte en una institución esencial para los fines que constitucionalmente se propone el Estado, revistiendo la libertad sindical de cobertura de derecho fundamental, que dispone de un cuadro reforzado de tutela. La libertad sindical, y el conjunto de derechos que integran su contenido esencial, no es ya tan sólo un instrumento básico de autotutela para la clase trabajadora, sino al propio tiempo uno de los pilares de la estructura institucional de los Estados democráticos del capitalismo avanzado". [42]

La primera Constitución Política que dota de categoría constitucional a los sindicatos fue la Constitución Mexicana de 1917, la de la Revolución, en la fracción XVI, del artículo 123 (Título sexto. Del trabajo y de la previsión social), la cual dispone que "Tanto los obreros como los empresarios tendrán derecho para coaligarse en defensa de sus respectivos intereses, formando sindicatos, asociaciones profesionales, etc." Acto seguido, autoriza a que las leyes reconozcan como un derecho de los obreros y de los patronos,las huelgas y los paros (Fracción XVI).

La Constitución de la República Socialista Federativa de los Consejos (Soviets) de Rusia, la Republica de "obreros, soldados y campesinos", adoptada en 1918 por el V.° Congreso de los Consejos de Rusia, tras la Revolución Socialista de octubre de 1917, en el marco de su "Declaración de los derechos del pueblo trabajador y explotado", decreta lo siguiente: "Con objeto de garantizar a los trabajadores la libertad efectiva de asociación, la República Socialista Federativa de los Consejos de Rusia, habiendo quebrantado el poder económico y político de tas clases poderosas, y con ello habiendo apartado todos los obstáculos que hasta aquí impidieron a los obreros y a los campesinos, en la sociedad burguesa, gozar los derechos de organizarse libremente y de obrar libremente, concédese a los obreros y campesinos toda asistencia, material y de todo género, para su unión y su acción" (Capítulo V, num. 16).

Y así, otras cartas constitucionales siguen estos ejemplos. La Constitución de Weimar, en Alemania (1919), consagra en todas las profesiones la libertad de asociación para la defensa y la mejora de las condiciones del trabajo y de la vida económica, que debían garantizarse a todos los individuos. Todos los acuerdos y medidas que pretendieran

---

41. RECALDE. *Op. cit.*, pp. 39 y 40.
42. *Idem.*

restringir o impedir esta libertad serían nulos (art. 159).

La Constitución de Austria (1920), resuelve que es de competencia federal la legislación y la función ejecutiva relativas al derecho del trabajo (en lo atinente a la sanidad), a la seguridad social y contractual, y a los sindicatos de trabajadores y de empleados, salvo los del sector agrícola y forestal (art. 10, num. 11).

La Constitución del Perú (1920), en una de las garantías sociales instituidas, considera que: "La Nación reconoce la libertad se asociarse y la de contratar. Su naturaleza y condiciones están regidas por la ley" (art. 37. °).

La Constitución del Ecuador (1929), entre las garantías fundamentales, incluye el derecho a la libertad de asociación y agremiación. En este sentido, "Tanto los obreros como los patronos o empresario tendrán derecho a asociarse en pro de sus respectivos intereses, formado sindicatos o asociaciones profesionales" (art. 151, num. 24).

La Constitución de España (1931), la de la "República democrática de trabajadores de toda clase", en su artículo 39 preceptúa: "Los españoles podrán asociarse o sindicarse libremente para los distintos fines de la vida humana, conforme a las leyes del Estado". "Los Sindicatos y Asociaciones está obligados a inscribirse en el Registro público correspondiente, de acuerdo con la ley".

La Constitución de Brasil (1934), en el catálogo de derechos y garantías individuales, prohíja "la libertad sindical para fines lícitos, ninguna asociación será disuelta obligatoriamente salvo por sentencia judicial" (art. 113, num.12). Art. 120. En las normas del del orden económico y social prevé que "Los. sindicatos y las asociaciones profesionales serán' reconocidas de conformidad con la ley. Parágrafo único. La ley asegurará la pluralidad sindical y la completa autonomía de los sindicatos" (Art. 120).

La Constitución de Uruguay (1934), en el elenco de los derechos, los deberes y las garantías individuales, establece que "La Ley promoverá la organización de sindicatos gremiales, acordándoles franquicias y dictando normas para reconocerles personería jurídica" (...). "Declárase que la huelga es un derecho gremial. Sobre esta base se reglamentará su ejercicio y efectividad" (art. 56. °).

La Constitución de la Unión de Repúblicas Socialistas Soviéticas (1936), la del "Estado de obreros y campesinos", dentro de los derechos y deberes fundamentales de los ciudadanos, en conformidad con los intereses de los trabajadores y a fin de fomentar la iniciativa de organización y la actividad política de las masas populares, garantiza a dichos ciudadanos de la URSS el derecho de agruparse en organizaciones sociales, entre ellas, los sindicatos (art. 126).

La Constitución de Bolivia (1938), en el marco de su régimen social, garantiza "la libre asociación profesional y sindical" y reconoce "el contrato colectivo de trabajo" (art. 125.°). Al mismo tiempo, acoge "el derecho de huelga como medio de defensa de los trabajadores" (art. 126.°). La Carta Política siguiente, la de 1945, adiciona al fuero sindical como medio de defensa de los trabajadores, de modo que estos no pueden ser despedidos, perseguidos ni presos por sus actividades sindicales (art. 126. °).

La Constitución de Cuba (1940), al situar el trabajo como uno de los derechos fundamentales, reconoce el derecho de sindicación a los patronos, los empleados privados y los obreros para los fines exclusivos de su actividad económico social. La autoridad competente tiene un término de treinta días para admitir o rechazar la inscripción de un sindicato obrero o patronal. La inscripción determina la personería jurídica del sindicato obrero o patronal. La ley regula lo concerniente al reconocimiento del sindicato por los patronos o por los obreros, respectivamente. No podrían disolverse definitivamente los sindicatos sin que recayera sentencia firme de los tribunales de justicia. Las directivas de estas asociaciones deben integrarse exclusivamente por cubanos de nacimiento (art. 69).

La Constitución de Panamá (1946), en cuanto a la protección del trabajo, un importante derecho social, reconoce el derecho de sindicación a los patronos, los empleados, los obreros y los profesionales de todas clases para los fines exclusivos de su actividad económico-social. En el siguiente apartado se aludirá a las normas del artículo 67 que regulan este derecho.

La Constitución de la República Francesa (1946), "República indivisible, laica, democrática y social", en su preámbulo, además de reafirmar los derechos y las libertades consagrados por la Declaración de los derechos de 1789 y los principios fundamentales reconocidos por las leyes de esta República, proclama entre los principios sociales, el derecho de todo hombre "de defender sus derechos y sus intereses mediante la acción sindical y adherirse al sindicato de su elección". En adición, permitió el "derecho de huelga que se ejerce en el marco de las leyes que lo reglamentan".

La Constitución de Venezuela (1947), en el cuadro de los derechos y los deberes individuales y sociales, garantiza "los derechos de asociación y de sindicalización con fines lícitos; estos derechos se ejercerán conforme a las leyes (art. 42). La legislación del trabajo debía consagrar el "Contrato colectivo de trabajo, en el cual podrá incluirse la cláusula sindical" (art. 63, num.3), así como el "derecho de huelga, salvo en los servicios públicos que determine la ley" (art. 63, num.10).

La Constitución de la República Italiana (1947), "República democrática fundada en el trabajo", ordena que: "La organización sindical será libre". "No se podrá imponer a los sindicatos otra obligación que la de registrarse ante departamentos locales o centrales, según lo que la ley disponga". "Será condición para el registro que los estatutos de los sindicatos sancionen un régimen interior fundado en los principios democráticos". "Los sindicatos registrados tendrán personalidad jurídica y podrán, representados unitariamente en proporción a los respectivos afiliados inscritos, concertar convenios colectivos de trabajo con efectos obligatorio para todos los pertenecientes a las categorías a que se refiera el convenio" (art. 39). Además, decreta que el "derecho de huelga se ejercitara en el ámbito de las leyes que lo regulen" (art. 40).

La Constitución de Costa Rica (1949), en el ámbito de los derechos y las garantías sociales, autoriza la libre sindicalización tanto a los patronos como a los obreros, con el fin exclusivo de obtener y conservar beneficios económicos, sociales o profesionales, pero prohíbe a los extranjeros ejercer la dirección o la autoridad en los sindicatos (art. 60). Reconoce el derecho de huelga a los obreros y el derecho de paro a los patrones (art. 61). Tienen fuerza de ley las convenciones colectivas de trabajo que, con arreglo a la ley, se concierten entre patronos o sindicatos de patronos y sindicatos de trabajadores legalmente organizados. (art. 62).

La Ley Fundamental de la República Federal de Alemania (1949), "garantiza a toda persona y a todas las profesiones el derecho de fundar asociaciones para mantener y fomentar las condiciones económicas y de trabajo. Los convenios que restrinjan o tiendan a obstaculizar este derecho serán nulos, e ilegales las medidas que se adopten con este fin" (art. 9.0).

Los textos constitucionales vigentes en la actualidad reconocen a los trabajadores el derecho de sindicación y el derecho de los sindicatos para actuar libremente en ejercicio de la libertad sindical.

V. EL RECONOCIMIENTO DEL SINDICALISMO EN PANAMÁ

La primera manifestación normativo-laboral se encuentra en la Constitución Política de 1904, al establecer la libertad de trabajo u oficio como principio fundamental de los derechos individuales, heredado de las Constituciones colombianas y panameñas que rigieron los destinos istmeños durante los ochenta y dos años de unión con Colombia. El artículo 29 declara que toda persona puede ejercer cualquier oficio u ocupación honesta sin necesidad de pertenecer a gremios de maestros o doctores. El Estado solo queda facultado para inspeccionar las industrias y las profesiones en lo relativo a la moralidad, la seguridad y la salubridad públicas.

En la segunda década del siglo XX existían en la ciudad de Panamá varias entidades de artesanos, de carácter mutualista (ayuda mutua), como la Unión Obrera, filial de la *American Federation Labor* del estadounidense Samuel Gompers. la *Sociedad de Mutuo Auxilio*, la *Tipográfica de Protección*

Mutua, los *Hijos del Trabajo*, los *Socorros Mutuos*, la *Benéfica Venezolana* y el *Centro Social y Benéfico Peruano*, que pretendían llegar a un "acuerdo de unión recíproca sobre la base de la confraternidad benéfica".[43]

Al culminar la Primera Guerra Mundial, las Naciones Aliadas contra Alemania suscriben con esta el Tratado de Versalles, que pone formalmente término a esa Guerra. En el marco de las negociaciones, los trabajadores logran colocar importantes estipulaciones sobre aspectos laborales, a saber: creación de la Organización Internacional del Trabajo, la jornadade ocho horas diarias y cuarenta y ocho semanales, el descanso semanalde veinticuatro horas, preferiblemente los domingos, el salario igual para trabajo igual, la supresión del trabajo de los niños, la limitación del trabajo de los menores, el derecho de asociación, etc.

Estas disposiciones son adoptadas por Panamá, país que incorpora el Tratado de Versalles como ley de la República a través de la Ley 3 de 8 de enero de 1920, que autoriza la formación de sindicatos al permitir el derecho de asociación de trabajadores. Se forma así la Federación Obrera de la República y luego el Sindicato General de Trabajadores.

La *Constitución Política de 1941* incorpora, en su Título III, al régimen constitucional panameño varios derechos sociales.

Se permite a toda persona escoger profesión u oficio. La ley puede exigir títulos de idoneidad y reglamentar el ejercicio de las profesiones. Las autoridades deben inspeccionar lo relativo a la moralidad, la seguridady la salubridad públicas. El trabajo es una obligación social y está bajola protección especial del Estado. Este puede intervenir por ley para reglamentar las relaciones entre el capital y el trabajo con el fin de obtener una mejor justicia social en forma que, sin inferir agravio injustificado a ninguna de las partes, asegure al trabajador un *minimum* de condiciones necesarias para la vida, y las garantías y las recompensas que se le acuerden por razones de interés público y social, y al capital la compensación justa de su inversión. El Estado velará por que el pequeño productor independiente pueda obtener de su trabajo o industria lo suficiente para sus necesidades y, de modo especial, por el bienestar y el progreso de las clases campesinas y obreras. Por último, se garantiza el derecho de huelga, salvo en los servicios públicos y las que tengan fines exclusivos de solidaridad.

Sin embargo, estas disposiciones sociales o contemplan expresamente el reconocimiento de los sindicatos, aunque en su artículo 42 dispuso permitir formar compañías, asociaciones y fundaciones que no fueran contrarias a la moral y al orden público. Las asociaciones y las fundaciones podían obtener el reconocimiento como personas jurídicas.

La *Constitución Política de 1946* presenta un capítulo sobre trabajo, dentro del Título de los Derechos y Deberes Individuales y Sociales, y en él

---

43. Diario *La Estrella de Panamá*, Panamá, 30 de agosto de 1914.

consagra al Estado como protector del trabajador y entre otros derechos, el derecho a la sindicalización.

Los aspectos más importantes que resaltan en los dieciséis artículos contenidos en el Capítulo 3° (El Trabajo), del Título III, son los siguientes: el trabajo como deber y derecho del individuo, la obligación taxativa del Estado de promover el pleno empleo, la garantía del salario mínimo, la inembargabilidad del salario mínimo y de los instrumentos de labor, la jornada máxima de ocho horas, la protección de la maternidad, la igualdad de salario ante igual trabajo, la irrenunciabilidad de los derechos del trabajador, la indemnización por despido sin justa causa y sin las formalidades que establezca la ley, el derecho de sindicalización, el derecho de huelga, el derecho de paro, la jurisdicción especial de trabajo y la compensación equitativa al capital por su inversión, entre otros.

Esta Carta Magna reconoce el *derecho de sindicación* a los patronos, los empleados, los obreros y los profesionales de todas clases para los fines exclusivos de su actividad económico-social.

El Ejecutivo tiene un término improrrogable de treinta días para admitir o rechazar la inscripción de un sindicato obrero o patronal.

La inscripción determina la personería jurídica del sindicato.

La ley regula lo concerniente al reconocimiento por el Ejecutivo de los sindicatos de patronos, empelados, obreros y profesionales.

El Ejecutivo no puede disolver un sindicato sino cuando se apartare de sus fines exclusivos y así lo declarara tribunal competente mediante sentencia firme.

Las directivas de estas asociaciones deben integrarse exclusivamente por panameños (art. 67).

Acorde con la Constitución se adopta el *primer Código de Trabajo*, producto de la *Ley 67 de 11 de noviembre de 1947* y el cual empieza a regir el 1.° de marzo de 1948.

El Código, en su Libro I, titulado Normas Sustantivas, ampara a las organizaciones sociales, es decir, a los sindicatos.

La *Ley 23 de 1 de febrero de 1966* aprueba el convenio relativo a la aplicación de los principios del derecho de sindicación y de negociación colectiva (convenio N°98).

La *Ley 45 de 2 de febrero de 1967* aprueba el convenio relativo a la libertad sindical y a la protección del derecho de sindicación (convenio N°87).

También, la *Constitución Política* de 1972 consagra el derecho a la formación de sindicatos.

Esta Carta reafirma algunos de los principios de la Constitución de 1946, pero también recibe el influjo de otros principios que se consignaron en el Código de Trabajo. El Capítulo 3° del Título III recoge los derechos siguientes: el trabajo como derecho y deber del individuo, salario mínimo, igualdad de salario, participación en las utilidades por disposición de la ley, protección del trabajador nacional, protección del menor, protección de la mujer, jornada de ocho horas, descansos semanal y anual (este remunerado), nulidad de las estipulaciones que impliquen renuncia de derechos del trabajador, estabilidad en el empleo, enseñanza profesional, capacitación sindical, justicia social, protección especial de los trabajadores, derechos y garantías mínimos, derecho de sindicalización, derecho de huelga (se elimina el derecho a paro), y jurisdicción del trabajo, entre otros.

Así, se reconoce el *derecho de sindicación o sindicalización* a los empleadores, los asalariados y los profesionales de todas clases para los fines de su actividad económica y social.

El Órgano Ejecutivo tendrá un término improrrogable de treinta días para admitir o rechazar la inscripción de un sindicato.

La ley regulará lo concerniente al reconocimiento por el Ejecutivo de los sindicatos, cuya personería jurídica quedará determinada por la inscripción.

El Ejecutivo no podrá disolver un sindicato sino cuando se aparte permanentemente de sus fines y así lo declare tribunal competente mediante sentencia firme.

Las directivas de estas asociaciones estarán integradas exclusivamente por panameños (art. 68).

Tal norma es debidamente desarrollada por el Código de Trabajo de 1972. El Libro III: *Relaciones Colectivas, contiene* el derecho de asociación sindical, los sindicatos (formación, constitución, régimen interno, obligaciones, medidas de protección, fuero sindical, prácticas desleales, y fusión, disolución y liquidación).

GUÍA DE ESTUDIO

1. ¿Qué son los colegios romanos?
2. ¿Qué son las guildas?
3. ¿Qué son los gremios o corporaciones en la Edad Media?
4. ¿Cuáles son las causas de la aparición de los sindicatos?
5. ¿Explique las etapas por la cuales han atravesado los sindicatos?
6. ¿Explique cuál es la evolución legal y constitucional de los sindicatos en Panamá?

Lección III
EL DERECHO DE ASOCIACIÓN SINDICAL

I. EL DERECHO DE ASOCIACIÓN EN GENERAL

La Declaración Universal de los Derechos Humanos dice que: "1. Toda persona tiene derecho a la libertad de reunión y de asociación pacíficas. 2. Nadie podrá ser obligado a pertenecer a una asociación" (art. 20).

La Convención Americana de los Derechos Humanos consagra también la *libertad de asociación* cuando expresa:

"1. Todas las personas tienen derecho a asociarse libremente con fines ideológicos, religiosos, políticos, económicos, laborales, sociales, culturales, deportivos o de cualquiera otra índole.

2. El ejercicio de tal derecho sólo puede estar sujeto a las restricciones previstas por la ley que sean necesarias en una sociedad democrática, en interés de la seguridad nacional, de la seguridad o del orden públicos, o para proteger la salud o la moral públicas o los derechos y libertades de los demás.

3. Lo dispuesto en este artículo no impide la imposición de restricciones legales, y aun la privación del ejercicio del derecho de asociación, a los miembros de las fuerzas armadas y de la policía" (art. 16).

El *derecho de asociación* es uno de los *derechos individuales* incorporados al texto de la Constitución Política en el artículo 39, del capítulo I, que consagra las Garantías Fundamentales y del Título III, denominado Derechos y Garantías Sociales.

En el ejercicio del derecho de asociación se permite la formación de compañías, asociaciones y fundaciones. Cualquier persona que cumpla con las exigencias constitucionales y las condiciones establecidas por la ley está en condiciones de hacer uso de este derecho. Por lo tanto, la Carta Magna dispone que la capacidad, el reconocimiento y el régimen de las sociedades y demás personas jurídicas estará determinado por ley panameña. La consagración del derecho es de naturaleza constitucional y su regimentación, de carácter legal.

Este derecho es la matriz de las actividades asociativas con fines o sin fines de lucro, culturales, educativas, políticas, religiosas, cívicas y comunales, entre otras, que se rigen por legislación diversa.

La Constitución autoriza el reconocimiento de la personalidad jurídica las compañías, las asociaciones o las fundaciones que no sean contrarias a la moral o al orden legal. No se otorgará reconocimiento a las asociaciones inspiradas en ideas o teorías basadas en la pretendida superioridad de una raza o de un grupo étnico, o que justifiquen o promuevan la discriminación racial.

II. EL DERECHO DE ASOCIACIÓN SINDICAL

El derecho de asociación sindical, derecho de sindicación o derecho de sindicalización está protegido por los tratados internacionales.

La citada Declaración Universal de los Derechos Humanos, adoptada en París el 10 de diciembre de 1948 por la Organización de Naciones Unidas, en su artículo 23, indica: "Toda persona tiene derecho a fundar sindicatos y a sindicalizarse para la defensa de sus intereses".

El Pacto Internacional de Derechos Económicos, Sociales y Culturales, adoptado y abierto a la firma, ratificación y adhesión por la Asamblea General de las Naciones Unidas en su resolución 2200 A (XXI), de 16 de diciembre de 1966, que forma parte del Bloque de Constitucionalidad en Panamá establece este derecho de agremiación, con las reglas siguientes:

> "1. Los Estados Partes en el presente Pacto se comprometen a garantizar:
>
> a) El derecho de toda persona a fundar sindicatos y a afiliarse al de su elección, con sujeción únicamente a los estatutos de la organización correspondiente, para promover y proteger sus intereses económicos y sociales. No podrán imponerse otras restricciones al ejercicio de este derecho que las que prescriba la ley y que sean necesarias en una sociedad democrática en interés de la seguridad nacional o del orden público, o para la protección de los derechos y libertades ajenos;
>
> b) El derecho de los sindicatos a formar federaciones o confederaciones nacionales y el de éstas a fundar organizaciones sindicales internacionales o a afiliarse a las mismas;
>
> c) El derecho de los sindicatos a funcionar sin obstáculos y sin otras limitaciones que las que prescriba la ley y que sean necesarias en una sociedad democrática en interés de la seguridad nacional o del orden público, o para la protección de los derechos y libertades ajenos;
>
> d) El derecho de huelga, ejercido de conformidad con las leyes de cada país.
>
> 2. El presente artículo no impedirá someter a restricciones legales el ejercicio de tales derechos por los miembros de las fuerzas armadas, de la policía o de la administración del Estado.
>
> 3. Nada de lo dispuesto en este artículo autorizará a los Estados Partes en el Convenio de la Organización Internacional del Trabajo de 1948 relativo a la libertad sindical y a la protección del derecho de sindicación a adoptar medidas legislativas que menoscaben las garantías previstas en dicho Convenio o a aplicar la ley en forma que menoscabe dichas garantías" (art. 8).

El Protocolo adicional a la Convención americana sobre derechos humanos en materia de derechos económicos, sociales y culturales "Protocolo de San Salvador", celebrado por los Estados Parte en dicha Convención americana (Pacto de San José) y adoptado en San Salvador, el 17 de noviembre de 1988, que forma parte del bloque de Constitucionalidad en Panamá, indica:

"1. Los Estados partes garantizarán (los derechos sindicales):
a. el derecho de los trabajadores a organizar sindicatos y a afiliarse al de su elección, para la protección y promoción de sus intereses. Como proyección de este derecho, los Estados partes permitirán a los sindicatos formar federaciones y confederaciones nacionales y asociarse a las ya existentes, así como conformar organizaciones sindicales internacionales y asociarse a la de su elección. Los Estados partes también permitirán que los sindicatos, federaciones y confederaciones funcionen libremente;
b. el derecho a la huelga.
2. El ejercicio de los derechos enunciados precedentemente sólo puede estar sujeto a las limitaciones y restricciones previstas por la ley, siempre que éstos sean propios a una sociedad democrática, necesarios para salvaguardar el orden público, para proteger la salud o la moral públicas, así como los derechos y las libertades de los demás. Los miembros de las fuerzas armadas y de policía, al igual que los de otros servicios públicos esenciales, estarán sujetos a las limitaciones y restricciones que imponga la ley.
3. Nadie podrá ser obligado a pertenecer a un sindicato" (art. 8).

Por su lado, el preámbulo del Tratado de Versalles, constitutivo de la Organización Internacional del Trabajo destaca el principio de la libertad sindical como uno de sus propósitos fundamentales y el Convenio N.°87 de la, relativo a la libertad sindical y a la protección del derecho de sindicación, adoptado el 17 de junio de 1948, aprobado por la Ley 45 de 2 de febrero de 1967 e integrante del Bloque de Constitucionalidad, establece el derecho de agremiación, entre sus alcances, en los términos siguientes:

1. Los trabajadores y los empleadores, "sin ninguna distinción y sin autorización previa, tienen derecho de constituir las organizaciones que estimen convenientes, así como el de afiliarse a estas organizaciones, con la sola condición de observar los estatutos de las mismas".
2. Estas organizaciones "tienen derecho a redactar sus estatutos y reglamentos administrativos, el de elegir a sus representantes, el de organizar su administración y sus actividades y el de formular su programa de acción".
3. "Las organizaciones de trabajadores y de empleadores no están sujetas a disolución o suspensión por vía administrativa".
4. Estas organizaciones "tienen derecho de constituir federaciones y

confederaciones, así como el de afiliarse a las mismas".

4. "Toda organización, federación o confederación tiene derecho a afiliarse a organizaciones internacionales de trabajadores o empleadores". Las disposiciones el Convenio sobre las organizaciones de los trabajadores y de los empleadores se aplican a las federaciones y las confederaciones.

5. "El término 'organización' abarca toda organización de trabajadores que tenga por objeto fomentar y defender los intereses de los trabajadores o de los empleadores".[44]

El Convenio N.° 98 de la OIT, relativo a la aplicación de los principios del derecho de sindicación y de negociación colectiva, adoptado el 1.° de julio de 1949, aprobado por la Ley 23 de 1.° de febrero de 1966 y después ratificado por la República de Panamá, que es parte también del Bloque de Constitucionalidad, contiene otra gama de disposiciones protectoras y garantías enderezadas a que reluzca la libertad sindical, entre ellas las que tienen por finalidad evitar que el empleador sujete el empleo del trabajador a la condición de que no se afilie a un sindicato o a la de que deje de ser su miembro; que lo despida o lo perjudique en cualquier forma a causa de su afiliación sindical o de su participación en actividades sindicales; que realice actos de injerencia dirigidos a fomentar, dominar o controlar las organizaciones de trabajadores, etc.

Así, este convenio dispone que los trabajadores deben gozar de adecuada protección contra todo acto de discriminación tendiente a menoscabar la mencionada libertad sindical, en relación con su empleo. Esta protección debe ejercerse especialmente contra todo acto que tenga por objeto:

1. "sujetar el empleo de un trabajador a la condición de que no se afilie a un sindicato o a la de dejar de ser miembro de un sindicato";
2. "despedir a un trabajador o perjudicarlo en cualquier otra forma a causa de su afiliación sindical o de su participación en actividades sindicales fuera de las horas de trabajo o, con el consentimiento del empleador, durante las horas de trabajo". (art. 1)

También, las organizaciones de trabajadores y de empleadores deben "gozar de adecuada protección contra todo acto de injerencia de unas respecto de las otras, ya se realice directamente o por medio de sus agentes o miembros, en su constitución, funcionamiento o administración". Se consideran actos de injerencia, principalmente, las medidas que tiendan a fomentar la constitución de organizaciones de trabajadores dominadas por un empleador o una organización de empleadores, o a sostener económicamente, o en otra forma, organizaciones de trabajadores, con

44. GERNIGON, B., ODERO, A. y GUIDO, H. *"Libertad sindical"*, en *Normas internaciones del trabajo.* Un enfoque global. Director: J. C. Javillier, coordinador A. Odero, Oficina Internacional del Trabajo, Ginebra, 2001, pp. 32 y 33.

objeto de colocar estas organizaciones bajo el control de un empleador o de una organización de empleadores". (art. 2).

Al respecto, David Tajgman y Karen Curtis indican que "La Comisión de Expertos de la OIT considera que la libertad de constituir organizaciones es el derecho sindical más importante y el elemento medular de las demás garantías consagradas en los Convenios núms. 87 y 98. Tres derechos configuran esta libertad: el derecho a que no se establezca distinción alguna entre los titulares del derecho de sindicación; el derecho de constituir organizaciones sin autorización previa, y el derecho de elegir libremente la organización a la que uno desee afiliarse".[45]

Así, en tal sentido: 1. El derecho de organizarse sin distinción alguna es "aplicable a todas las categorías de trabajadores y de empleadores; no caben distinciones por razones de profesión, sexo, color, raza, credo, nacionalidad u opinión política"; excepto en "los derechos de las fuerzas armadas y la policía vendrán determinados por el Estado". 2. "Los requisitos para la constitución de las organizaciones y para su funcionamiento no deben tener por efecto coartar la libertad sindical". 3. "Ni la normativa ni la práctica deben menoscabar": a) "la estructura y la composición de la organización"; b) "el pluralismo sindical"; y c) "la seguridad sindical".

El *derecho de asociación sindical* es uno de los *derechos sociales* que aparecen en la Constitución Nacional, recogido en el artículo 68, del Capítulo III, llamado El Trabajo, dentro del Título III, de los Derechos y Garantías Individuales y Sociales.

Es una modalidad del derecho de asociación, pero circunscrito a determinadas personas. Mientras que el derecho de asociación tiene un sentido más amplio, el derecho de asociación sindical, que ese artículo designa con el nombre de derecho de sindicación, solamente se reconoce para los "empleadores, asalariados y profesionales de todas clases".

Los sindicatos pueden formarse por nacionales panameños y por extranjeros, pero las directivas de estas asociaciones deben integrarse exclusivamente por panameños.

La finalidad de este derecho se contrae a los fines de la actividad económica y social de los factores de la producción y de los profesionales independientes. Eso implica que el derecho está excluido para el ejercicio de otras actividades como, por ejemplo, el comercio, la política o lareligión. El comercio se rige por leyes mercantiles, la política por normas constitucionales y legales de carácter electoral y la religión por norma constitucionales y civiles relativas a la libertad de religión y el libre ejercicio de los cultos.

Si bien la ley regula lo concerniente al reconocimiento por el Órgano

---

45. TAJGMAN, David y CURTIS, Karen. *Guía práctica de la libertad sindical* Normas, principios y procedimientos de la Organización Internacional del Trabajo. Oficina Internacional del Trabajo, Organización Internacional del Trabajo, Ginebra, 2002, p. 14

Ejecutivo de los sindicatos, su personería jurídica queda determinada por la inscripción. El Ejecutivo tiene un término improrrogable de treinta días para admitir o rechazar la inscripción de un sindicato.

El Ejecutivo no podrá disolver un sindicato sino cuando se aparte permanentemente de sus fines y así lo declare el tribunal competente mediante sentencia firme.

El Código de Trabajo promueve el derecho de asociación sindical. Vasco Torres De León exterioriza que este derecho se manifiesta en la creación o la fundación sindicatos, la organización de su régimen interno; la afiliación a un sindicato o el cese de esa afiliación y la acción sindical que tiene dimensiones individuales (derechos y deberes del trabajador) y dimensiones colectivas (derechos de negociación colectiva, contratación colectiva, huelga, etc.).[46]

En conformidad con las disposiciones de este Código, los sindicatos son el medio eficaz de contribuir al sostenimiento y desarrollo económico y social del país, la cultura popular y la democracia panameña. Su constitución es de interés público y se pueden formar sin necesidad de autorización y afiliarse a ellos, los empleados, los obreros, los profesionales y los empleadores, cualquiera que sea el oficio, profesión o actividad que desarrollen. Los trabajadores independientes podrán asociarse en sindicatos de trabajadores, siempre que quienes los compongan no utilicen mano de obra ajena en sus labores. "Aun cuando no se diga, es evidente que estos sindicatos serían de tipo gremial" y "agrupan exclusivamente a este tipo de trabajadores (independientes) o profesionales. Con su formación se facilita el ingreso al régimen voluntario de la Caja del Seguro Social a los trabajadores independientes...".[47]

Es síntesis, la ley laboral consagra la existencia de las organizaciones de organizaciones sociales de trabajadores, de las organizaciones sociales de los empleadores y las organizaciones sociales de trabajadores independientes.

Las organizaciones sociales de trabajadores subordinados o de trabajadores independientes, denominadas en otras latitudes *asociaciones profesionales*, son los *sindicatos*, las *federaciones* o las *confederaciones*, que también pueden denominarse *centrales*. Las organizaciones de empleadores son las reguladas por el propio Código, que podrán ser los *sindicatos*, las *federaciones* o las *confederaciones*, así como las constituidas con arreglo al Derecho común y agrupen a empleadores como tales.

Cada vez que el C. de T. se refiera a los *sindicatos* habrá que entender a todos los incluidos en su Libro III, intitulado Relaciones Colectivas, y

---

46. TORRES DE LEÓN, Vasco. *Derecho Colectivo de Trabajo*. Facultad de Derecho y Ciencias Políticas, Universidad de Panamá, Panamá, 2018, pp. 46 y 47.
47. FÁBREGA P., Jorge et al. *Código de Trabajo* (con notas, concordancias y leyes complementarias). (Relaciones Colectiva). Actualizado por Jorge Fábrega P., Editora Jurídica Panameña, Panamá, 2003 p. 4.

cuando se refiera al *trabajador sindicalizado*, se debe incluir a todo aquél que se encuentre afiliado a cualquier sindicato.

Se prohíbe formar parte al mismo tiempo de varios sindicatos de la misma clase y actividad. Si un trabajador violare esta prohibición, se considerará que ha renunciado del sindicato al que primero se afilió.

Los requisitos que establezcan los estatutos para ingresar al sindicato, deben limitarse solamente al oficio, a la profesión o la especialidad del trabajador, o a la clase de empresa donde se preste servicios. Sin embargo, podrá restringirse en los estatutos el ingreso al sindicato de los trabajadores de confianza o excluirlos de la Junta Directiva y los demás cargos de representación.

Las organizaciones sociales que se constituyen legalmente son personas jurídicas capaces de ejercer derechos y contraer obligaciones y estarán exentas de cubrir los impuestos nacionales que pesen sobre sus bienes.

En la actualidad y con la derogatoria del artículo 347 del Código por el artículo 70 de la Ley 44 de 12 de agosto de 1995, todo trabajador, sea nacional, sea extranjero, que haya cumplido catorce años tiene la capacidad jurídica para ingresar a los sindicatos de trabajadores, pero únicamente podrá formar parte de su Junta Directiva cuando llegue a la mayoría de edad. Esto significa que, al cumplir los dieciocho años, es decir, la mayoría de edad, los trabajadores tienen la capacidad suficiente para ser elegidos miembros de esta. La referencia a los dieciocho años, del artículo 337 del C. de T., como requisito para ocupar la posición de representante legal (Para ser representante sindical bastará que hayan cumplido dieciocho años), es un ripio legal, luego de que la mayoría de edad que estaba en veintiún años cuando se promulgó el C. de T, fue rebajada a dieciocho. En sentido contrario, del artículo 347 se colige que la capacidad jurídica para ingresar a los sindicatos de empleadores o de profesionales se logra a la mayoría de edad.

III. LA LIBERTAD SINDICAL

Roberto Pérez Paton indica que "Emergente del derecho general de asociación, consagrado en los textos constitucionales de casi todos los países, y revistiendo por ello la jerarquía de los derechos fundamentales del hombre, aparece evidente que la libertad de asociación sindical, en su calidad de precepto constitucional no podría ser alterado ni restringido por una ley ordinaria, sino tan sólo reglamentado dentro de los límites permitidos por la misma Constitución. Como sostiene Krotoschin (*Tratado práctico de Derecho del Trabajo*. T. I., Buenos Aires, p. 111): La garantía constitucional del derecho de asociación protege también a las organizaciones (sindicales) contra la arbitrariedad del Poder Ejecutivo", concepto que lo precisa el autor

[....] al establecer que el alcance de tal garantía es de proteger el referido derecho fundamental 'tanto contra los poderes públicos (encargados de la reglamentación o de la ejecución) como contra particulares, sobre todo con respecto a hechos o actos jurídicos susceptibles de dificultar o de impedir el ejercicio de aquel derecho".[48]

Justo López define la libertad sindical como "un conjunto de poderes individuales y colectivos que aseguran la independencia de sus respectivos titulares en orden a la fundación, organización, administración y gobierno y actividad externa (actividad sindical) de las asociaciones profesionales de trabajadores".[49]

La *libertad sindical*, de la que gozan los trabajadores, es la facultad de pertenecer, dejar de pertenecer o no pertenecer a un sindicato; por lo tanto, esta libertad tiene una *faceta positiva* y otra *faceta negativa*.

La faceta positiva derivada del *derecho de asociación sindical,* como se ha visto, implica el derecho de las personas de fundar, organizar ounirse a un sindicato. Pero, así mismo, este derecho involucra la posibilidadde retirarse de la organización.

De ahí que Yolanda Valdeolivas García explique: "Con la noción de *libertad sindical positiva* se quiere hacer referencia al derecho del trabajador de afiliarse al sindicato de su elección, con la sola observancia por aquél de los estatutos de éste, así como separarse del mismo libremente."[50]

La *libertad sindical positiva* la ejercen los trabajadores frente a los empleadores y al Estado. Es un derecho frente a los empleadores, porque el "derecho de asociación, desde su origen, corresponde a una garantía de una clase social frente a la otra" y es "un derecho frente al Estado paraque éste no estorbe la libre formación de los sindicatos ni obligue a los trabajadores a sindicalizarse".[51] En este último sentido, las autoridades tienen el deber de contribuir con la libertad sindical de ambos factores de la producción. Así, "Todo miembro de la Organización Internacional del Trabajo para el cual el Convenio (N.°87) esté en vigor se obliga a adoptar todas las medidas necesarias y apropiadas para garantizar a los trabajadores y a los empleadores el libre ejercicio del derecho de sindicación".[52]

---

48. PÉREZ PATON, Roberto. *"La libertad sindical y sus garantías. Los sindicatos y la política"*, en *Estudios de Derecho del Trabajo y Seguridad Social*. Ensayos en homenaje al profesor Ernesto Krotoschin, Ediciones Depalma, Buenos Aires, 1967, p. 210.
49. LÓPEZ, Justo. *"Aspectos de la libertad sindical". Legislación del Trabajo*, XX-B, 673, 1972; AA.VV. *Derecho Colectivo del Trabajo*. La Ley, Buenos Aires, 1998, p. 81, citado por RECALDE, Mariano. Manual de Derecho Colectivo del Trabajo. 1.ª edición, EDUNPAZ, Editorial Universitaria, Universidad Nacional de José C. Paz, Buenos Aires, 2017, p. 91.
50. VALDEOLIVAS GARCÍA, Yolanda. *Las conductas lesivas de la libertad sindical.* Consejo Económico y Social, Colección Estudios, Madrid, 1994, p. 47.
51. *Ibidem,* pp. 411 y 413.
52. GERNIGON, B., ODERO, A. y GUIDO, H. *Op. cit.*, p. 33.

Por otro lado, la *faceta negativa* comprende "el llamado derecho negativo de asociación, o sea el derecho de no afiliarse a ninguna asociación profesional. La asociación obligatoria o asociación compulsiva, en realidad oculta la coacción; no puede existir libertad completa sin libre determinación negativa para afiliarse".[53] En términos de Valdeolivas García, la *libertad sindical negativa* es el "derecho del trabajador a no afiliarse a un sindicato, a no sindicarse; supone, pues, el derecho a no ser obligado a pertenecer a un sindicato, sea éste considerado en concreto o en abstracto".[54]

La Corte Constitucional de Colombia (1995) al respecto ha dicho:

> "La libertad de asociación sindical, debe ser entendida no sólo en su sentido negativo tradicional, esto es, como el derecho a no ser compelido a pertenecer a un sindicato, sino también en un sentido positivo, como la posibilidad efectiva de todo trabajador de pertenecer a una organización que defienda sus intereses profesionales, con la sola condición de cumplir los requisitos estatutarios que no atenten contra el núcleo esencial del derecho de asociación sindical, haciendo ilusoria esa posibilidad. En esta segunda acepción, el derecho fundamental consagrado en el artículo 39 de la Carta, implica la prohibición para los sindicatos de impedir arbitrariamente el ingreso de trabajadores que cumplan los requisitos establecidos en sus estatutos, y la posibilidad jurídica de establecer en estas condiciones de afiliación que dejan al capricho de los miembros del sindicato la aprobación de la solicitud de ingreso de nuevos afiliados".[55]

Por su lado, Roberto García Ramírez distingue la libertad sindical en dos vertientes: la individual y la colectiva.

"Desde el punto de vista del individuo y sus relaciones con las organizaciones sindicales, significa el derecho a afiliarse a una organización gremial, retirarse de ella, y el derecho a no ser obligado a incorporarse al sindicato".

"Desde el punto de vista colectivo, significa la libertad de fundación o formación de nuevas entidades gremiales, el derecho de organizarse internamente, elaborando sus propios estatutos y de elegir a sus autoridades; el derecho de actuar libremente cumpliendo con sus finalidades lícitas y estables; y el derecho a asociarse a otras organizaciones de nivel superior, o de crear esas federaciones o confederaciones".[56]

Asimismo, en el aspecto colectivo, Guillermo Guerrero Figueroa expone que "consiste en la garantía otorgada a los sindicatos o asociaciones

53. GUERRERO FIGUEROA. *Derecho Colectivo del Trabajo. Op., cit.*, p. p. 412.
54. VALDEOLIVAS GARCÍA. *Op. cit.*, p. 47.
55. Citada por OSTAU DE LAFONT DE LEÓN. Francisco. *La libertad sindical en el mundo del trabajo en Colombia*. Universidad Católica de Colombia, Bogotá, 2017, p. 33.
56. GARCÍA RAMÍREZ, Roberto. *Derecho del Trabajo y de la Seguridad Social*. 1.ª edición, Ad-Hoc S. R. L., Buenos Aires, 1998, p. 568.

profesionales para ejecutar las funciones y tareas, que les son propias. Tienen todo el derecho de redactar y modificar sus estatutos, gestionar la correspondiente personería jurídica, seleccionar y elegir librementesus representantes, organizar su administración y sus actividades"; e, igualmente, tienen el derecho de unirse o coaligarse en federaciones y estas en confederaciones.[57]

Además, la libertad sindical está enlazada con el ejercicio de los derechos fundamentales, al tenor de lo resuelto por la Organización Internacional del Trabajo. "En 1970, la Conferencia Internacional del Trabajo adoptó la Resolución sobre los Derechos Sindicales y su vinculación con los Derechos Civiles, en la que afirmaba que 'los derechos conferidos a las organizaciones de trabajadores y empleadores se basan en el respeto a las Libertades Civiles. En particular, la Declaración Universal de los Derechos Humanos y el Pacto Internacional de los Derechos Civiles y Políticos". "Conforme esta resolución, los derechos fundamentales indispensables para el ejercicio de la libertad sindical son:

1. El derecho a la libertad y seguridad de las personas y a la protección contra la detención y la prisión arbitraria.
2. La libertad de opinión y de expresión.
3. El derecho de reunión.
4. El derecho a un proceso regular por tribunales independientes e imparciales.
5. El derecho a la protección de la propiedad de las organizaciones sindicales".[58]

GUÍA DE ESTUDIO

1. ¿En qué consiste el derecho de asociación?
2. ¿En qué consiste el derecho de asociación sindical?
3. ¿En qué consiste la libertad sindical?
4. ¿Cuáles son las facetas de la libertad sindical?

---

57. GUERRERO FIGUEROA, Guillermo. *Manual de Derecho del Trabajo*. 3.ª edición, Editorial Leyer, Bogotá, D. C., 2003, p. 411.
58. RECALDE. *Op. cit.*, p.92.

Lección IV
LAS ORGANIZACIONES SOCIALES

I. DEFINICIÓN Y CLASIFICACIÓN

Las organizaciones sociales son los *sindicatos*, las *federaciones* o las *confederaciones* o *centrales*.

"Con la palabra sindicato -expone Guillermo Guerrero Figueroa- derivada de síndico y de su equivalencia latina *syndicus*, que significa 'con justicia', se designaba a la persona encargada de defender los intereses de un gremio de personas, o sea, el procurador dedicado a la defensade la corporación. 'Por traslación del representante a los representados, surgió el *syndicat* francés, del cual es traducción adaptada sindicato'". Poreso, "'sindicato' se emplea para denominar en primer grado la asociación profesional, ya que en segundo y tercer grado se encuentran la federación y la confederación, respectivamente".[59]

Alfredo Ruprecht expone que "El origen etimológico de la palabra sindicato, según Gallart Folch deriva de *syndicat*, que servía para designar a quienes se encontraban ligados a una corporación, es decir, los que se colocaban bajo la tutela de un síndico (*Syndic*). Esta palabra provenía del griego y significaba procurador".[60]

"Según (Néstor) De Buen siguiendo a García Abellán, deriva del griego *suvidiké* y significa 'justicia comunitaria' o 'idea de administración y atención de una comunidad'. En un texto de Gayo, en el Digesto (L. 3, T. 4.1.) se hace referencia al sindicato".[61]

El sindicato, en la concepción de Néstor De Buen, "es la persona social, libremente constituida por trabajadores o patronos, para la defensa de sus intereses de clase".[62]

Bueno Magano lo considera como el "Agrupamiento de personas físicas o jurídicas, que ejercen actividad profesional o económica, para la defensa y promoción de los respectivos intereses, por medio de la acción colectiva de contestación o de participación en la elaboración y efectivización de la política nacional en materia económica y social".[63]

Según Antonio Ojeda Avilés, el sindicato es "el grupo de trabajadores con personalidad jurídica y capacidad de obrar que tiene por objeto primordial la defensa de los intereses económicos y sociales de sus miembros".[64]

El artículo 10.° del Convenio N.°87 de la OIT, en vez de "sindicato" utiliza la voz "organización", para significar "toda organización de

59. GUERRERO FIGUEROA, Guillermo. *Derecho Colectivo del Trabajo*. Op. cit., pp. 175 y 176.
60. RUPRECHT, Alfredo J. *Derecho Colectivo de Trabajo*. Universidad Nacional Autónoma de México, México, 1980, p. 67.
61. *Idem*.
62. *Ibidem*, p. 69.
63. *Ibidem*, pp. 69 y 70.
64. OJEDA AVILÉS, Antonio. *Compendio de Derecho Sindical*. Editorial Tecnos, Madrid, 1998, p. 53.

trabajadores o empleadores que tengan por objeto fomentar y defender los intereses comunes de los trabajadores o de los empleadores".

Nuestro Código de Trabajo define el *Sindicato* como "toda asociación permanente de trabajadores, de empleadores o de profesionales, de cualquier clase, constituida para el estudio, el mejoramiento, la protección y la defensa de sus respectivos intereses económicos y sociales comunes".

De esta definición se desprenden los elementos siguientes:

1. *Es toda asociación permanente.* Es una asociación, en otras palabras, una unión de individuos con fines determinados. Esto significa que esos individuos, en este caso los trabajadores, los empleadores o los profesionales de cualquier clase, forman tal agrupación, una persona jurídica llamada sindicato, con propósitos establecidos por el propio Código de Trabajo. Esta persona jurídica es sujeto de derecho, es decir, tiene facultades de ejercer derechos y contraer obligaciones. Es una persona distinta a las personas naturales que la formaron y la constituyeron, y está representada por personas naturales, que son sus directivos.

El sindicato es una asociación permanente, es decir, perdurable, duradera. La asociación accidental o transitoria no es un sindicato. Guillermo Guerrero Figueroa llama a esta con el nombre de coalición. Aclara que "La coalición constituye un acuerdo entre trabajadores o entre patronos, con el fin de luchar por sus intereses comunes. La característica de la coalición, a diferencia de la asociación profesional, es que siempre tiene como signo evidente o requisito lo temporal; conseguido el objetivo, desaparece automáticamente. Generalmente la coalición persigue una modificacióndе las condiciones de trabajo, mientras que la asociación constituye una agrupación durable, formada para el estudio y defensa de los intereses profesionales".[65]

2. *Está compuesta de trabajadores, de empleadores o de profesionales.* No puede haber sindicatos con una mezcla de sectores, o sea, de trabajadores con empleadores, de trabajadores con profesionales o de empleadores con profesionales. Tiene que haber homogeneidad del sector.

El sindicato debe ser exclusivamente de trabajadores, exclusivamente de empleadores o exclusivamente de profesionales.

En cuanto a los *trabajadores*, personas naturales que prestan servicios personales a un empleador, en condiciones de subordinación jurídica o dependencia económica, expresión que utiliza y define el Código de Trabajo, la norma constitucional usa la locución *asalariados* para aludir a esos mismos trabajadores, mientras que el artículo 335 los cataloga en empleados y obreros.

---

65. GUERRERO FIGUEROA. *Manual de Derecho del Trabajo. Op. cit.*, p. 403.

El artículo 336 del C. de T., incluye, aunque esta definición no los contempla, a los *trabajadores independientes* que podrán asociarse en sindicatos de trabajadores. En otras palabras, estos trabajadores, siempre que no empleen mano de obra ajena en sus laborales, pueden organizarse en sindicatos (ej.: el Sindicato de Buhoneros y Trabajadores Informales y Similares de la República de Panamá).

3. *La finalidad es el estudio, el mejoramiento, la protección y la defensa de sus respectivos intereses económicos y sociales comunes.* Los sindicalistas se unen para estudiar, progresar, ampararse y salvaguardar una comunidad de beneficios para su avance tanto en el ámbito económico como en el social.

La Constitución Nacional es más parca porque afirma como fin la "actividad económica y social".

La OIT enfoca el objeto sindical en "fomentar y defender los intereses comunes".

Los *sindicatos de trabajadores* pueden ser de *varios tipos*, a saber:

1. *Gremiales*: cuando están formados por personas de una misma profesión, un mismo oficio o una misma especialidad.

2. *De empresa*: cuando están formados por personas de varias profesiones, varios oficios o varias especialidades, que prestan servicios en una misma empresa.

En una misma empresa no puede funcionar más de un sindicato de empresa.

El entonces Ministerio de Trabajo y Bienestar Social sobre el particular expresó que:

"1°. Los Sindicatos de Empresa [...], solamente pueden afiliar a trabajadores que presten servicios en la empresa respectiva, aun cuando se trate de diferentes profesiones, oficios o especialidades.

2° Para que un sindicato pueda afiliar a trabajadores de varias profesiones, oficios o especialidades, que prestan sus servicios en dos o más empresas de una misma clase, debe ser de naturaleza industrial, conforme al artículo 342 del Código de Trabajo, ordinal 3°.

3° Un Sindicato de Empresa no puede asumir la afiliación y representación de trabajadores que prestan servicios en más de una empresa. De esta suerte, un Sindicato de Empresa no puede tener la representación legítima de trabajadores de 2 (dos) empresas diversas de la misma clase, ya que representaciones de este orden en el campo sindical son reservados de modo privativo a sindicatos de naturaleza industrial".[66]

Ahora bien, la situación es distinta cuando varias personas jurídicas funcionen como una unidad económica, porque los trabajadores de todas ellas están en libertad de asociarse en un solo sindicato de empresa.

66. Nota N.°33-DVM de 7 de febrero de 1975. Luis A. SHIRLEY, viceministro de Trabajo y Bienestar Social.

Si al entrar en vigencia el C. de T. (2 de abril de 1972), en una misma empresa estaban funcionado más de un sindicato de empresa, tenían el plazo de un año para fusionarse. Expirado este término, sin que se hubieren fusionado, el mencionado Ministerio debía promover, fundado en esa causa, la disolución del sindicato que tuviere menor número de afiliados.

3. *Industriales*: cuando están formados por personas de varias profesiones, varios oficios o varias especialidades, que prestan servicios en dos o más empresas de la misma clase.

Rolando Murgas Torrazza explica que "La denominación que se da a esta clase de sindicatos, común en las legislaciones centroamericanas, conduce a equívocos. En efecto, la expresión sugiere una actividad *industrial*, pero en realidad puede tratarse de cualquier actividad económica, siempre que sea común a dos o más empresas. De hecho hay en Panamá sindicatos 'industriales' en los sectores comercial, agrícola y de servicios".[67]

4. *Mixtos o de oficios varios*: cuando están formados por personas de diversas profesiones, diversos oficios o diversas especialidades, que trabajan en empresas diversas o inconexas. Estos sindicatos sólo pueden constituirse cuando en determinada ciudad, distrito, provincia o región, el número de trabajadores de un mismo gremio sea menor de cincuenta.

Los *sindicatos de empleadores* se forman por empleadores de una misma rama industrial o de actividad económica, o por empleadores de varias de dichas ramas. En ambos casos, el respectivo sindicato puede constituirse en determinado ámbito territorial o a escala nacional.

Los sindicatos de trabajadores o de profesionales se constituyen con un mínimo de cuarenta miembros. En cambio, los sindicatos de empleadores, con un mínimo de diez miembros, que sean totalmente independientes entre sí (art. 344, del C. de T., subrogado por el art. 41 de la Ley 44 de 1995).

Las *federaciones* son las agrupaciones de dos o más sindicatos.

Las *confederaciones o centrales* son las a su vez las agrupaciones formadas por dos o más federaciones.

La confederaciones o centrales de trabajadores y las federaciones no afiliadas a ninguna confederación o central, constituyen el *Consejo Nacional de Trabajadores* (CONATO), con carácter consultivo, cuyas funciones deben ser reglamentadas por el Órgano Ejecutivo, sin perjuicio de la reglamentación que para su régimen interno aprueben las organizaciones que lo integran (art. 1066, del C. de T.).

Las federaciones y las confederaciones -explica Francisco Lafont- además de las funciones atribuidas taxativamente tienen las de "unificación del movimiento sindical". "Dar su orientación y asesoramiento, no sólo

67. MURGAS TORRAZZA, Rolando. *"Los sindicatos en Panamá"*, en AA.VV. *Los sindicatos en Iberoamérica*. Coordinación de Mario Pasco Cosmópolis, Aele Editorial, Lima-Perú, 1988, p. 200.

ante los respectivos empleadores en la tramitación de sus conflictos, sino también ante las autoridades".[68]

Está prohibido a las organizaciones sociales denominarse en forma tal que induzca a error o confusión con otra existente.

Toda organización social debe indicar en su nombre si se trata de sindicato, federación, confederación o central. El término *unión* es optativo para denominar al sindicato.

Las organizaciones sociales de empleadores deben indicar en el nombre su calidad de tales.

Pueden afiliarse a una confederación o central los sindicatos gremiales, los industriales y los de profesionales o los de trabajadores independientes, constituidos a escala nacional o provincial y que no integren parte de alguna federación.

Cónsono con el tema de la libertad sindical, todo sindicato puede retirarse de una federación, confederación o central en cualquier momento, cuando la mayoría de sus miembros así lo disponga. Es ineficaz cualquier disposición en contrario.

II. CONSTITUCIÓN

La inscripción de un sindicato, una federación, una confederación o central en los registros correspondientes del Ministerio de Trabajo y Desarrollo Laboral, determina su personería jurídica.

Las diligencias para la inscripción se extenderán en papel simple y no causarán impuesto alguno.

Para admitir la inscripción, se tendrá un término improrrogable de quince días calendario (art. 352, del C. de T, originalmente aludía, siguiendo la norma constitucional, a un término improrrogable de treinta días para admitir o rechazar), que comenzará a contarse desde el día en que se reciba en este Ministerio la solicitud de dicha inscripción, la cual deberá ajustarse a los siguientes requisitos:

1. Debe estar firmada por el presidente o el secretario general del sindicato en formación, o de la federación, la confederación o central de que se trate.

2. Debe remitirse a la Dirección General de Trabajo directamente o por medio de las autoridades de trabajo o la primera autoridad política del lugar.

3. Debe estar acompañada de copia auténtica del acta constitutiva, de los estatutos aprobados y del acta de la sesión o de las sesiones, en que se llevó a cabo tal aprobación.

El acta constitutiva deben firmarla los miembros fundadores del sindicato o las personas rogadas al efecto, en el supuesto de que alguno o algunos de dichos fundadores no supieran o no pudieran firmar. Debe

---

68. LAFONT, Francisco. *Derecho Laboral Colectivo*. Ediciones Ciencia y Derecho, Bogotá, 1991, p. 95.

expresar, además, la clase de sindicato, su domicilio legal, el número de sus miembros, los nombres, los apellidos y el número de la cédula de identidad personal de los que componen la Junta Directiva.

El Ministerio de Trabajo y Desarrollo Laboral hará, dentro del término de quince días calendario antes mencionado, la verificación de las cédulas de identidad personal que aparecen en el acta constitutiva, de por lo menos el número mínimo de afiliados requeridos por el C. de T. (cfr. art. 344, del C. de T.).

Tratándose de federaciones, confederaciones o centrales, el acta constitutiva debe firmarse por los representantes de las respectivas organizaciones fundadoras y expresar su domicilio, el nombre y el domicilio de todas las organizaciones que la integran, y los nombres y los apellidos, acompañados con el número de cédula de identidad personal de los miembros de la Junta Directiva.

Esta documentación se presenta por triplicado. Un ejemplar se devuelve a los interesados con certificación en donde conste el hecho de la presentación, indicando la fecha y la hora en que esta se realizó. Otro ejemplar permanece en el despacho a cargo de los registros, y el tercero se utiliza para la tramitación (art. 352, del C. de T., subrogado por el art. 42 de la Ley 44 de 1995).

Si la solicitud de inscripción o la documentación presentada no se ajusta a lo ordenado por la ley, el Ministerio dicta resolución razonada que indique clara y específicamente sus errores o sus deficiencias para que los interesados, dentro del término de quince días calendario, los subsanen. De esta resolución puede solicitarse la reconsideración dentro de los cinco días siguientes, la que será decidida en un término de diez días. Vencido este término, sin que se hubiere decidido el recurso, se entiende confirmada la resolución.

En esta situación, el término de quince días calendario para admitir la inscripción comenzará a contarse desde el día en que se presente la solicitud enmendada.

Las *objeciones* que caben contra la solicitud de inscripción son las siguientes:

1. Si el sindicato no se propone como finalidad el estudio, el mejoramiento, la protección y la defensa de sus respectivos intereses económicos y sociales comunes.

2. Si no se constituyó con el número de miembros fijado, es decir, con un mínimo de cuarenta miembros, cuando se trate de los sindicatos de trabajadores o de profesionales y con un mínimo de diez miembros, totalmente independientes entre sí, cuando se trate de los sindicatos de empleadores.

3. Si no se presenta la documentación en debida forma, tal como se

describió, al tenor del artículo 352 del C. de T.

El rechazo de la inscripción de un sindicato u otra organización social solamente cabe en los casos que se mencionan a continuación:

1. Cuando los interesados no corrijan oportunamente los errores o las deficiencias que el Ministerio les hubiere advertido.

2. Cuando, en el caso de un sindicato de trabajadores, se comprobare que el sindicato está evidentemente controlado por un empleador, un grupo o una organización de empleadores.

3. Cuando se trate de un sindicato de empresa constituido en una empresa donde existe ya otro sindicato de empresa.

Vencidos los quince días calendario antes mencionados sin que se hubiere rechazado u objetado la solicitud de inscripción, se considera inscrito el sindicato, la federación, confederación, o central, para todos los efectos legales y, a partir de este término, el Ministerio de Trabajo y Desarrollo Laboral queda obligado a expedir las constancias y las certificaciones respectivas y a efectuar, en los registros de las organizaciones sociales, la anotación que corresponda.

III. FINES Y FUNCIONES PRINCIPALES

Los *fines* y las *funciones* principales de los sindicatos y las demás organizaciones sociales son:

1. Procurar el mejoramiento de las condiciones de trabajo de sus miembros, y la defensa de sus intereses comunes;

2. Celebrar convenciones colectivas de trabajo, en los casos en que se admita su celebración y garantizar su cumplimiento, y ejercer los derechos y las acciones que de tales convenciones se originen;

3. Representar a sus miembros en los conflictos, las controversias y las reclamaciones que se presenten, y demandar o reclamar en nombre de ellos en forma individual o colectiva, o intervenir en los conflictos, las controversias o las reclamaciones, individuales y colectivas, que se hubieren promovido;

4. Propugnar porque las relaciones entre trabajadores y empleadores se desarrollen sobre la base de justicia y mutuo respeto y colaboración dirigida al perfeccionamiento de las condiciones propias de la respectiva actividad, y al desarrollo económico y social de la comunidad;

5. Promover la educación gremial, técnica y general de los asociados, especialmente por medio de la creación de escuelas industriales o profesionales, o de la concesión de becas a sus afiliados y familiares para estudiar o perfeccionarse en escuelas o universidades;

6. Crear, administrar o subvencionar instituciones, establecimientos u obras sociales de utilidad común, tales como cooperativas, entidades deportivas, culturales, educativas, de asistencia y previsión;

7. Participar en la formación de los organismos estatales que les indique la ley;

8. Denunciar ante los funcionarios competentes del trabajo, las omisiones, las irregularidades o las violaciones que se cometan en la aplicación del C. de T. y las disposiciones complementarias;

9. Propugnar por la creación y el mejoramiento del sistema de protección contra los riesgos del trabajo y la prevención de los accidentes y las enfermedades;

10. Organizar centrales de servicios en asesoría técnica, educativa, cultural o de promoción socioeconómica en beneficio de sus afiliados;

11. Adquirir a cualquier título y administrar los bienes muebles e inmuebles que requieran para el ejercicio de sus actividades; y

12. En general, todas las que no estén reñidas con sus fines esenciales ni con las leyes.

IV. OBLIGACIONES

Los sindicatos y las demás organizaciones sociales están *obligados* a:

1. Llevar libros de actas, socios y contabilidad, debidamente sellados y autorizados por el Ministerio de Trabajo y Desarrollo Laboral.

2. Comunicar al Ministerio, dentro de los quince días siguientes, los cambios ocurridos en la Junta Directiva, las designaciones de representantes sindicales y las reformas a los estatutos.

3. Enviar cada año al Ministerio una lista de sus miembros.

4. Permitir a las autoridades de trabajo, para fines específicos, inspecciones en sus libros de actas, socios y contabilidad, cuando así lo solicite por lo menos el veinte por ciento de sus afiliados.

Pero, aunque el Código no lo diga, deben permitir así mismo a las autoridades de la Contraloría General de la República las auditorías correspondientes en cuanto al uso de fondos derivados del Seguro Educativo, porque se trata de fondos públicos. La Contraloría General de la República tiene la atribución constitucional y legal de realizar inspecciones o investigaciones para determinar la corrección o la incorrección de las operaciones que afecten patrimonios públicos y en su caso, presentar las denuncias respectivas, es decir, ante la Jurisdicción Penal y la Jurisdicción Patrimonial (art. 280, numeral 4). En tal sentido, la Ley 32 de 8 de noviembre de 1984, dispone, en el marco de las funciones generales, que dicha Contraloría realizará inspecciones e investigaciones tendientes a determinar la corrección o incorrección de las operaciones que afecten patrimonios públicos y, en su caso, presentará las denuncias respectivas. Estas investigaciones pueden iniciarse por denuncia o de oficio, cuando la Contraloría lo juzgue oportuno. Al instruir una investigación, la Contraloría practicará las diligencias tendientes a reunir los elementos de juicio que esclarezcan los hechos, pudiendo recibir testimonios, designar peritos, realizar inspecciones y practicar cualesquiera otras pruebas instituidas por la ley (art. 11, numeral 4).

Las organizaciones sociales deben depositar sus fondos en una institución bancaria, situada en la localidad donde tengan su domicilio, si la hubiere, o en otra distinta.

Los fondos y los bienes de las organizaciones sindicales no serán susceptibles de secuestro, embargo u otra medida cautelar. Se exceptúa el embargo decretado en un proceso ejecutivo hipotecario contra el inmueble dado en garantía.

La Junta Directiva está en la obligación de rendir a la Asamblea General, al menos cada seis meses, cuenta detallada de la administración de los fondos.

V. SANCIONES E IMPUGNACIONES

A las organizaciones sociales únicamente puede imponerse como *sanción* la *multa* o la *disolución*, mediante sentencia dictada por los tribunales de trabajo.

La multa oscila entre los diez y los doscientos balboas y es procedente cuando la organización social, por dos años consecutivos, dejare de corregir los errores y las deficiencias que el Ministerio les hubiere señalado en los requisitos y los documentos aportados para admitir su inscripción. Cuando el período de la Junta Directiva o de los representantes sindicales fuere mayor de un año, la multa se impone cuando por períodos consecutivos no se hiciere la comunicación correspondiente.

La *disolución* se aplica en cualquiera de los siguientes casos:

1. Cuando de manera evidente la organización se aparte permanentemente de los fines exclusivos previstos en el Código de Trabajo.

2. Cuando pasare más de un año desde el día en que el Ministerio de Trabajo y Desarrollo Laboral le comunique que ha dejado de tener el número de miembros que dicho Código exige para la constitución y la subsistencia de la organización social de que se trate, sin que se compruebe haber subsanado esta deficiencia.

3. Cuando, tratándose de un sindicato de trabajadores, se compruebe que está evidentemente controlado por un empleador, grupo u organización de empleadores.

La multa o la disolución de una organización social se tramita mediante *proceso abreviado* y puede solicitarla:

1. El Ministerio de Trabajo y Desarrollo Laboral, cuando se trate de multa.

2. El Ministerio de Trabajo y Desarrollo Laboral, cuando ostensiblemente la organización se aleje de modo permanente de los fines

propios consagrados en el Código de Trabajo o cuando se cumpliere más de un año contado a partir del día en que se le comunicó que había dejado de tener el número de miembros que el Código de Trabajo requiere para la constitución y la subsistencia de la organización social de que se trate, sin que haya acreditado haber enmendado esa carencia.

3. El Ministerio de Trabajo y Desarrollo Laboral, en caso de un sindicato de trabajadores, cuando se pruebe que está indiscutiblemente controlado por un empleador, grupo u organización de empleadores, siempre que se lo solicite una federación, confederación o central de trabajadores.

Por otro lado, están sujetos a impugnación ante los tribunales de trabajo:

1. La adopción en los estatutos de normas contrarias a la ley, si la organización no las corrige dentro de los dos meses siguientes a la objeción que por escrito le formule el Ministerio de Trabajo y Desarrollo Laboral;

2. La admisión de afiliados que no reúnan los requisitos señalados en la ley o en los estatutos;

3. La elección de directivos y representantes sindicales que no reúnan los requisitos necesarios para esos cargos;

4. La elección de directivos y representantes sindicales, o su remoción, cuando la asamblea no hubiere cumplido con los requisitos del quórum correspondiente; y

5. La expulsión de un afiliado o la remoción de un directivo o representante sindical, en violación de las reglas y las garantías dispuestas en el artículo 360 del Código de Trabajo, antes expuestas.

VI. FUSIÓN, DISOLUCIÓN Y LIQUIDACIÓN

Dos o más organizaciones sociales pueden *fusionarse*, siempre que acuerden sus respectivas disoluciones y formen una nueva organización.

Las organizaciones sociales están facultadas para *disolverse* mediante el voto de las dos terceras partes de sus miembros, reunidos en Asamblea General y de acuerdo con las siguientes reglas:

1. La disolución se comunicará al Ministerio de Trabajo y Desarrollo Laboral, institución que cancelará la respectiva inscripción.

2. Serán nulos los actos o contratos celebrados o ejecutados por la organización después de la disolución, que no se refieran exclusivamente a la liquidación.

3. En caso de disolución, salvo el de fusión, corresponde a la Junta Directiva designar dentro de los quince días siguientes, dos miembros de la organización que, con un tercero nombrado por el Ministerio de Trabajo y Desarrollo Laboral, integrarán la Junta Liquidadora. Si dentro del plazo indicado no se han hecho las designaciones respectivas, el Ministerio las hará de oficio, dando al sindicato la representación correspondiente.

4. Los liquidadores han de designar a uno de ellos como presidente de la Junta Liquidadora y, en conjunto, se reputan mandatarios de la organización. Para cumplir su cometido, seguirán el procedimiento que indiquen los estatutos o el mencionado Ministerio; subsidiariamente se sujetan al procedimiento que establezcan las leyes comunes en lo que fuere aplicable.

En caso de disolución de una organización social, excepto el de fusión, su *activo líquido* se distribuye con sujeción a las siguientes reglas:

1. Si se tratare de un sindicato, se entrega a la federación, a la confederación o central de la que formare parte y, de no ser posible, se distribuye por partes iguales entre todos los sindicatos de la misma clase existentes en el país.

2. Si se tratare de una federación, se entrega a la confederación o central de que forme parte y, de no ser posible, se distribuye por partes iguales entre todos los sindicatos que la componen.

3. Si se tratare de una confederación o central, se distribuye por partes iguales entre todas las organizaciones sociales que la compongan y, de no ser posible, entre las demás confederaciones o centrales existentes en el país.

4. En los casos en que no resulte aplicable ninguna de las reglas anteriores, el activo pasa al Ministerio de Trabajo y Desarrollo Laboral para ser usado en programas de educación laboral.

GUÍA DE ESTUDIO

1. ¿Cómo se define el sindicato, según la doctrina?
2. ¿Cómo se define el sindicato, según la legislación panameña?
3. ¿Qué son las organizaciones sociales en Panamá?
4. ¿Cómo se constituyen las organizaciones sociales en Panamá?
5. ¿Cuáles son los requisitos para fundar una organización social en Panamá?
6. ¿Cuáles son los fines y las funciones principales de las organizaciones sociales en Panamá?
7. ¿Cuáles son las sanciones y las impugnaciones de las organizaciones sociales en Panamá?
8. ¿En qué consiste la fusión, la disolución y la liquidación de las organizaciones sociales en Panamá?

Lección V
EL RÉGIMEN INTERNO DE LAS ORGANIZACIONES SOCIALES

El régimen interno de los sindicatos y las demás organizaciones sociales se encuentra desarrollado en el C. de T. Se refiere a los estatutos, los órganos de gobierno y al patrimonio sindical.

I. ESTATUTOS

Los *estatutos* de las organizaciones sociales han de contener los aspectos subsiguientes: 1. La denominación que la distinga de las demás; 2. El domicilio; 3. El objeto; 4. Las condiciones de admisión; 5. Las obligaciones y los derechos de los afiliados; 6. El procedimiento para la elección de la Junta Directiva y el número de sus miembros; 7. Las causas y los procedimientos de expulsión y las correcciones disciplinarias; 8. La manera de convocar la Asamblea General y la época de celebración de las reuniones ordinarias; 9. La forma de pago y el monto de las cuotas; 10. Las normas para la administración, la adquisición y la disposición de los bienes de la organización; 11. Las normas para la liquidación del patrimonio de la organización; 12. La época de la presentación de cuentas; y 13. Las demás estipulaciones que se estimen convenientes.

Los *estatutos* de las *federaciones*, las *confederaciones* o las *centrales*, además de los requisitos antes señalados, que les resulten aplicables, contendrán los datos siguientes: 1. La denominación y el domicilio de las organizaciones constituyentes; 2. Las condiciones de adhesión de nuevos miembros; y 3. La forma en que sus miembros estarán representados en la Junta Directiva y en la Asamblea General.

Los estatutos de los sindicatos también determinarán las causas de cesantía de los afiliados y los directivos de la organización.

En los casos de *expulsión* de un trabajador miembro del sindicato, o de remoción de un miembro de la Junta Directiva o de un representante sindical (art. 360, del C. de T.), se observarán las siguientes reglas:

1. La Asamblea General, se reunirá mediante convocatoria especial para conocer de la expulsión o la remoción.

2. El trabajador afectado será oído en defensa, de conformidad con las disposiciones contenidas en los estatutos.

3. La Asamblea General conocerá de las pruebas que sirvan de base al procedimiento y de las que ofrezca el afectado.

4. Los trabajadores no podrán hacerse representar ni emitir su voto por escrito.

5. La expulsión o la remoción deberá ser aprobada por no menos de las dos terceras partes del total de miembros del sindicato.

6. La expulsión o la remoción sólo podrá decretarse en los casos expresamente consignados en los estatutos, debidamente comprobados y exactamente aplicables al caso.

II. ÓRGANOS DE GOBIERNO

Los órganos de gobierno de los sindicatos son: la asamblea general, la junta directiva, el secretario general o el presidente y los representantes sindicales.

A. LA ASAMBLEA GENERAL

La *Asamblea General* es la máxima autoridad de la organización social. Sus *funciones* privativas son: 1. El nombramiento de la Junta Directiva (se trata más que todo de su elección); 2. La aprobación y la modificación de los estatutos; 3. La fijación del monto de las cuotas ordinarias y extraordinarias; 4. La declaratoria de huelga; 5. La fusión con otras organizaciones sociales; 6. La afiliación a federaciones, confederaciones o centrales, según sea el caso; 7. La expulsión de cualquier afiliado o la imposición de sanciones disciplinarias; 8. La aprobación del presupuesto anual elaborado por la Junta Directiva y los *sueldos* que se fijen a los funcionarios de la organización; 9. La revisión, si lo estima conveniente, de los acuerdos y las decisiones de la Junta Directiva; 10. La autorización de las inversiones y las erogaciones mayores de mil balboas, a menos que los estatutos señalen una suma inferior; y 11. Cualesquiera otras que le señalen las leyes o los estatutos de la organización.

La Asamblea General se reunirá ordinariamente, por lo menos cada seis meses, y podrá celebrar todas las reuniones extraordinarias que la Junta Directiva, o un número de trabajadores u organizaciones no inferiores al veinticinco por ciento de los afiliados, estimen convenientes. En este último caso, la Junta Directiva está obligada a convocar la Asamblea General dentro de los diez días siguientes a la petición respectiva, y si no lo hiciere, los peticionarios podrán hacer directamente la convocatoria. Lo mismo se aplicará cuando la Junta Directiva no convocare oportunamente las asambleas ordinarias.

El *quórum* en la Asamblea General lo constituyen las dos terceras partes de los miembros de la organización, a quienes en ningún caso se les permitirá representar a otros. Si no se obtuviere el quórum, los asistentes o la Junta Directiva podrán convocar para una nueva reunión, en otro día, la cual podrá verificarse siempre que estén presentes la mayoría de los afiliados. Si tampoco hubiere quórum en esta segunda ocasión, los asistentes o la Junta Directiva podrán convocar en el mismo acto para otra reunión, que se verificará válidamente en cualquier tiempo y sea cual fuere el número de miembros que concurran. Cuando por falta de quórum en la primera ocasión, sea necesario convocar para una segunda reunión, en la misma convocatoria podrá señalarse la fecha y la hora para la que hubiere de celebrarse en caso de que tampoco se obtenga el quórum necesario. Esta tercera reunión puede convocarse para el mismo día que la segunda.

Cuando por razón de los diversos turnos o centros de trabajo no sea posible que los miembros del sindicato concurran a una asamblea, podrán celebrarse hasta dos asambleas parciales, siempre que en conjunto se cumplan con los requisitos de mayoría anteriormente indicado.

Los estatutos del sindicato podrán establecer los casos en los cuales los acuerdos pueden tomarse mediante *plebiscito*, que podrá efectuarse en los locales de trabajo, antes o después de la ejecución de las labores. Además de los requisitos que señalen los estatutos, será necesario que el objeto del plebiscito haya sido motivo de discusión en una reunión del sindicato donde hubieren concurrido al menos el veinticinco por ciento de sus miembros, convocada de la misma manera que para una Asamblea General.

Si no obtuviere el quórum en una Asamblea General, serán válidos los acuerdos que se tomen mediante firmas de adhesión, siempre que el objeto del acuerdo hubiere sido materia de discusión de la manera antes prevista, en una reunión que se celebre en la misma fecha que la Asamblea General para la cual se hizo la convocatoria y en sustitución dela misma. Esta situación sólo es viable cuando se trate de la aprobacióno la modificación de los estatutos, la fijación del monto de las cuotas ordinarias y extraordinarias, la declaratoria de huelga, la aprobación del presupuesto anual elaborado por la Junta Directiva, los *sueldos* que se fijen a los funcionarios de la organización, y la autorización de las inversionesy las erogaciones mayores de mil balboas, a menos que los estatutos establezcan una suma inferior.

B. LA JUNTA DIRECTIVA

La *Junta Directiva* tiene la dirección ejecutiva de los asuntos de la organización social y es responsable ante ella y frente a terceros en los mismos términos en que lo sean los mandatarios según el Código Civil.

La Junta Directiva debe componerse del número de miembros principales y suplentes, mayores de edad, que determinen los estatutos.

En el caso de los suplentes, si el sindicato tuviere más de doscientos miembros podrá designarse un número de suplentes igual o menor que los principales. Si el sindicato tuviere menos de doscientos miembros, podrá designarse un suplente por cada miembro principal.

La Constitución Política establece que la Junta Directiva de los sindicatos y de las demás organizaciones sociales debe integrarse exclusivamente por panameños. En cumplimiento de este mandato, el artículo 369 del Código dispuso que tal Junta, que no podía tener menos de cinco miembros ni más de once principales, estaría compuesta por panameños mayores de edad. Los suplentes podían designarse hasta un número igual al de los principales. No obstante, esta disposición legal fue subrogada por el artículo 46 de la Ley 44 de 1995, lo mismo que fue derogado, por el artículo 70 de dicha ley, el precepto (art. 347, del C. de T.), el cual obligaba a mantener un setenta y cinco por ciento de panameños como miembros de los sindicatos, porque esas normas "contrastan con el Convenio N.°97 de la OIT que dispone la igualdad de trato para los trabajadores extranjeros se aplican también en lo relativo a la afiliación a las organizaciones sindicales y los beneficios de los contratos colectivos. También contrastan con el artículo 10° del Convenio N.°143, que indica que tal igualdad comprende los derechos sindicales, aspecto que el párrafo2 g) de la Recomendación N.°151 concreta en la posibilidad de afiliación a las organizaciones sindicales, al ejercicio de los derechos sindicales y a la posibilidad de ocupar cargos en los sindicatos, lo mismo que el acceso a los cargos en los organismos de relaciones profesionales incluidos en los órganos de representación de los trabajadores en la empresa".[69]

La Junta Directiva está facultada para acordar la terminación de la huelga declarada por el sindicato, salvo que al hacerse la declaratoria la Asamblea General se hubiere reservado expresamente esa facultad. Cuando se hubiere designado un Comité de Huelga, el acuerdo de la Junta Directiva deberá adoptarse oído el concepto de este Comité.

Los estatutos de la organización sindical determinan el período de los miembros en la Junta Directiva. Mientras no se reformen dichos estatutos, el período seguirá siendo de dos años (art. 374, del C. de T., subrogado por el art. 47 de la Ley 44 de 1995).

Corresponde además a los estatutos determinar las restricciones o la prohibición de los períodos de reelección, o limitar el número de veces que una persona puede ser miembro de la Junta Directiva.

C. EL SECRETARIO GENERAL O EL PRESIDENTE

La *representación legal* de toda organización sindical la ejerce su *secretario general*, su *presidente* o la persona que según los estatutos deba reemplazarlos en sus ausencias.

D. LOS REPRESENTANTES SINDICALES

Los *representantes sindicales* no pueden exceder del dos y medio por ciento del total de miembros del sindicato, y sólo se designan cuando se trate de sindicatos gremiales o de industria, o de empresa donde existan varios establecimientos o centros de trabajo. En todo caso, no procede designar más de un representante por cada establecimiento o centro de

69. MURGAS TORRAZZA, Rolando. "Los sindicatos en Panamá", en AA.VV. *Los sindicatos en Iberoamérica.* Coordinación de Mario Pasco Cosmópolis, Aele Editorial, Lima-Perú, pp.218 y 219.

trabajo.

Los estatutos de la organización sindical determinarán el período de los representantes sindicales, el que seguirá siendo de dos años, mientras no se reformen los estatutos de la organización social.

III. PATRIMONIO

El patrimonio del sindicato de los trabajadores está constituido por los bienes y los dineros de su propiedad.

La *cuota sindical* es recurso importante para engrosar este patrimonio.

En la Unión Europea la cuota sindical, "la principal fuente de recursos del sindicato", se define así: "Aportación económica, normalmente de carácter periódico, del afiliado al sindicato; suele calcularse en proporción al salario, aunque también puede ser de cuantía fija".[70]

En el Derecho Mexicano se dice que es la "Contribución periódica que hacen los miembros de las organizaciones sindicales para el sostenimiento de éstas y para la realización de sus finalidades de solidaridad social".[71]

También, para el jurista colombiano Guillermo Guerrero Figueroa, "Las cuotas sindicales son aportes o contribuciones que los afiliados deben hacer periódicamente a favor de la asociación profesional".[72]

El sindicato panameño establece tanto las *cuotas ordinarias y extraordinarias* de sus afiliados y, al tenor del artículo 373 del C. de T., el empleador estaba obligado a descontarlas y entregárselas mensualmente. Para estos efectos bastaba con que el sindicato formulara la solicitud correspondiente y acreditara la condición de afiliado de cada trabajador. En los casos de retiro del sindicato este quedaba obligado a comunicarlo de inmediato al empleador, para que se suspendieran los descuentos.

La Ley 68, de 26 de octubre de 2010, que modifica artículos del Código de Trabajo y dicta otras disposiciones, negociada por el Gobierno Nacional, los trabajadores y los empleadores, modificó el texto del artículo 373, que quedó como sigue:

"Artículo 373**.** Todo empleador está obligado a descontar a los afiliados a un sindicato las cuotas ordinarias y extraordinarias que este establezca, y a entregárselas mensualmente. Para estos efectos bastará con que el sindicato formule la solicitud correspondiente y acredite la condición de afiliado de cada trabajador. En los casos de retiro del sindicato este queda obligado a comunicarlo de inmediato al empleador, para que se suspendan los descuentos.

---

70. "Concepto sobre cuota sindical originariamente publicado por la Oficina de Publicaciones Oficiales de las Comunidades Europeas y S&M, Ltd.; adaptado luego por Antonio Martín V. et al. para FEMCVT, Irlanda (en Enciclopedia Jurídica Virtual. Diccionario Jurídico Online). (https://leyderecho.org/cuota-sindical).

71. RAMÍREZ REYNOSO, Braulio *Diccionario Jurídico Mexicano de la Suprema Corte de Justicia de la Nación*. México, D.F. 1994, en Enciclopedia Jurídica Online (https://leyderecho.org/diccionario-juridico-mexicano).

72. GUERRERO FIGUEROA. *Derecho Colectivo del Trabajo. Op. cit.*, p. 233.

Las controversias a que diere lugar la aplicación de este artículo serán decididas por el Ministerio de Trabajo y Desarrollo Laboral".

En cuanto a las *cuotas ordinarias o extraordinarias* acordadas por el sindicato, el artículo 405 del Código de Trabajo establecía que debían ser descontadas por el empleador a los trabajadores que se beneficiaran de la convención colectiva de trabajo -únicamente durante el plazo de su vigencia- y se entregaban al sindicato del modo previsto en el artículo 373. El artículo 13, de la Ley 30, de 16 de junio de 2010, subrogó dicho artículo 405 del Código de Trabajo, así: "Los trabajadores no sindicalizados que se beneficien de la convención colectiva podrán pagar las cuotas ordinarias y extraordinarias acordadas por el sindicato durante la vigencia de la convención colectiva". "Los trabajadores que estén afiliados a otro sindicato quedan relevados de pagar la cuota sindical al sindicato que negoció la convención colectiva, pero sí podrán pagarla al sindicato al cual están afiliados". Luego, el artículo 2 de la Ley 68, de 26 de octubre de 2010, sobre el particular dispuso: "Los trabajadores no sindicalizados que se beneficien de la Convención Colectiva estarán obligados, durante el plazo fijado en la convención Colectiva, a pagar las cuotas ordinarias y extraordinarias acordadas por el sindicato, y el empleador quedará obligado a descontárselas de sus salarios y a entregarlas al sindicato, en la forma prevista en el artículo 373." "Sin perjuicio de lo anterior, los empleadores y los sindicatos podrán establecer en la Convención Colectiva todo lo relacionado con la aplicación del descuento de la cuota sindical ordinaria y extraordinaria".

Finalmente, debe indicarse que las organizaciones sociales de trabajadores pueden dedicarse a *actividades lucrativas* para recaudar los recursos económicos suficientes que les permitan favorecer el provecho general de sus afiliados. El artículo 340, inciso 2, del C. de T. preveía que estas organizaciones no podían utilizar las ventajas de la personería jurídica con fines de lucro, salvo en todo lo que contribuyera a llenar su objeto esencial y obtener los mayores beneficios comunes para sus asociados. Esta disposición fue modificada por el artículo 40 de la Ley 44 de 12 de agosto de 1995, el cual dispuso: "Las organizaciones sociales de trabajadores podrán utilizar las ventajas de la personería jurídica con fines de lucro, cuando ello contribuya al beneficio general de todos los asociados. No obstante, no podrán desarrollar actividades que constituyan una competencia desleal respecto a sus correspondientes empleadores".

GUÍA DE ESTUDIO

1. ¿Cuál debe ser el contenido de los estatutos de los sindicatos?
2. ¿Cuáles son los órganos de gobierno de los sindicatos?
3. ¿Cómo está formado el patrimonio de los sindicatos?

Lección VI
LAS MEDIDAS DE PROTECCIÓN AL SINDICALISMO

La ley laboral promueve la creación de sindicatos y de las demás organizaciones sociales, y protege al sindicalismo a través de medidas generales, el fuero sindical y las sanciones en contra de las prácticas desleales.

I. MEDIDAS GENERALES

El C. de T. establece que el Estado panameño, a través del Ministerio de Trabajo y Desarrollo Laboral, está obligado a fomentar la constitución de sindicatos, en las actividades o lugares donde no los hubiere, respetando el derecho de los trabajadores a formar la clase y el número de sindicatos que estimen convenientes.

Además, este Ministerio tiene la misión de promover la afiliación de los trabajadores en los sindicatos existentes, dejando en libertad a los trabajadores para escoger el sindicato de su preferencia.

Finalmente, es obligación de este Ministerio proporcionar a las organizaciones sociales la asistencia técnica y económica que necesiten con la finalidad de que organicen programas, cursos, seminarios de educación laboral y capacitación sindical y congresos. La ayuda económica que deberá suministrar el Estado a las organizaciones sociales para estos fines, será canalizada a través de las centrales obreras, las federaciones independientes y los sindicatos nacionales independientes debidamente constituidos, tomando en cuenta el número de trabajadores afiliados. En lo que respecta al apoyo económico para la realización de congresos, esta ayuda será reglamentada mediante decreto ejecutivo (art. 380, del C. de T, subrogado por el art. 51 de la Ley 44 de 1995, reglamentado por el Decreto Ejecutivo N.°101 de 2 de diciembre de 1997).

El artículo 76 de la Constitución Política prevé que la *capacitación sindical* será impartida exclusivamente por el Estado y las organizaciones sindicales panameñas.

Los dineros que provee el Estado para la educación sindical salen del *Seguro Educativo*, creado mediante Decreto de Gabinete N.°168 de 27 de julio de 1971, modificado por las Leyes 13 y 16 de 1987, y más recientemente por la Ley 49 de 18 de septiembre de 2002. El veintisiete por ciento del fondo de este seguro educativo se asigna al Ministerio de Educación para su utilización en los gastos de las escuelas y colegios oficiales. El setenta y tres por ciento es usado para formación profesional, educación sindical, educación cooperativa, educación agropecuaria, radio y televisión educativas, becas para educación media, programas de becas y préstamos educativos, capacitación y educación continua al recurso humano del sector privado, capacitación gremial docente y educación dual del sector privado. A la *educación sindical* corresponde el cinco por ciento de ese setenta y tres por ciento.

El Instituto Panameño de Estudios Laborales (IPEL), dependencia del Ministerio de Trabajo y Desarrollo Laboral, creado para la capacitación sindical y el desarrollo de la educación social y económica del trabajador y del empleador, funciona con el mencionado cinco por ciento, que es administrado por este Ministerio (Decreto de Gabinete N.°74 de 20 de septiembre de 1973).

II. FUERO SINDICAL

A. CONCEPTO Y NATURALEZA JURÍDICA

Fuero sindical, dice Alfredo J. Ruprecht, "no es otra cosa que el alcance de garantía acordada a una determinada categoría de trabajadores en razón de la actividad sindical".[73]

"La doctrina juslaboralista -indica Hipólito Martínez Medina- ha considerado con acierto que el fuero es una garantía sindical que tiene como finalidad brindarles protección a ciertos trabajadores con motivo de su gestión o de su actividad sindical. Es una protección a la libertad sindical que le permite a quienes se dedican a esa actividad cumplir libremente su misión".[74]

En realidad, confiesa Ruprecht, el concepto de "fuero sindical", tiene dos acepciones: una restringida y otra amplia.

En su acepción restringida, José Montenegro Baca indica que el fuero sindical "se refiere a la garantía de estabilidad laboral otorgada por ley o por convenio colectivo a determinados trabajadores en atención a los cargos de dirigentes o de representación sindical que desempeñan, para no ser despedidos ni trasladados, ni modificadas sus condiciones de trabajo, sin justa causa debidamente calificada por la autoridad competente".[75]

Ruprecht prefiere adoptar la acepción amplia. Para este autor, fuero sindical es "la protección otorgada -por ley o por convención colectiva de trabajo- a los trabajadores agremiados, con el fin de protegerlos en el ejercicio de su activad sindical, ya sea con relación al empleador, al Estado o a sus propios compañeros".[76]

Este concepto parte de la base de que el dirigente sindical, que lleva a efecto una amplia y conflictiva actividad, debe protegérsele no solamente de las actividades de su empleador, sino también del Estado "y de la posible actitud antisindical de los demás trabajadores".[77]

73. RUPRECHT, Alfredo. *Derecho Colectivo de Trabajo.* Universidad Nacional Autónoma de México, México, p.147.
74. MARTÍNEZ MEDINA, Hipólito. *"Pérdida del fuero sindical (casuística)"*, en *Lex*, Revista del Colegio Nacional de Abogados de Panamá, Panamá, enero1995-diciembre1996, p. 307.
75. MONTENEGRO BACA, José. *"Concepto amplio de fuero sindical"*, en *Derecho Colectivo Laboral.* Buenos Aires, 1973, p. 502 citado por RUPRECHT. *Op. cit.*, p. 147.
76. RUPRECHT. *Ibidem*, pp. 150 y 151.
77. *Ibidem*, p. 150.

En cambio, el autor colombiano Guillermo Guerrero Figueroa, asegura que sobre la naturaleza jurídica del fuero sindical existen tres tesis. Los autores de la primera sostienen que el fuero sindical tiene por objeto "proteger al trabajador individualmente considerado, o sea, como persona natural, sujeto activo en el contrato individual de trabajo. Otros sostienen la tesis de que el amparo perseguido se refiere a la protección del sindicato como persona jurídica independiente de los miembros que lo forman (para evitar los propósitos patronales de destruir esas organizaciones).

Y finalmente, otros toman una tercera posición que aspira a conciliar las dos tesis anteriores". "La tercera corriente, o intermedia, sostiene que los conceptos de las anteriores escuelas no se contradicen y que, por el contrario, se complementan. Afirma que el fuero sindical es una garantía tanto para los individuos o miembros que integran la asociación, como para el sindicato como persona jurídica. Es esta doctrina la protección del fuero sindical. Si los individuos no fueran estables en el puesto que desempeñan, las asociaciones profesionales carecerían de la fuerza combativa para las reivindicaciones sociales; a su vez sin la protección del sindicato, los miembros del mismo serían simples instrumentos a merced de los patronos, en su afán de destrucción de las organizaciones sindicales".[78]

El Código Sustantivo del Trabajo de Colombia, en su artículo 405, se adhiere a la acepción restringida cuando expone: "Se denomina fuero sindical la garantía de que gozan algunos trabajadores de no ser despedidos, ni trasladados ni desmejorados en sus condiciones de trabajo, sin causa previamente calificada por el juez de trabajo".[79]

El Código de Trabajo de Panamá no contiene una definición la cual permita advertir la acepción que adhiere. Sin embargo, de alguna de sus normas parece inferirse que suscribe el sentido restringido. En efecto, el artículo 383 protege al trabajador con fuero sindical del despido sin causa justa y sin autorización judicial. Esta norma dispone que el trabajador amparado por el fuero sindical no podrá ser despedido sin previa autorización de los tribunales de trabajo, fundada en una justa causa prevista en la ley.

Además, lo salvaguarda contra la alteración unilateral de las condiciones de trabajo, el traslado cuando afecta dicho fuero, la persecución, las represalias o las sanciones.

"Este fuero sindical -indica la Sala Tercera de la Corte Suprema de Justicia- tiene como objetivo garantizar el ejercicio de las funciones inherentes al cargo sindical, sin el peligro de represalias en su contra o de ser despedidos por esta causa y obliga al patrono a solicitar autorización

---

78. GUERRERO FIGUEROA, Guillermo. *Derecho Colectivo de Trabajo.* 9.ª Edición, Ediciones Leyes, Bogotá, D.C., pp, 254 y 255.
79. Citado por LAFONT, Francisco. *Derecho Laboral Colectivo.* Ediciones Ciencia y Derecho, Bogotá, 1991, p. 138.

previa a los tribunales de trabajo para despedir, con causa justificada, a un trabajador con fuero".[80]

Así mismo, la Corte expuso: "El fuero sindical es una protección que se le brinda a determinados trabajadores, dirigentes y representantes sindicales, en razón de la actividad sindical, para permitirles ejercer la libertad de asociación y los fines para los que fueron designados, así como a la agremiación misma, garantizándole la estabilidad laboral y las mismas condiciones de trabajo, no pudiendo ser despedidos sin que medie causa justa y autorización judicial".[81]

Asimismo, "El denominado fuero sindical [...] es una protección de que gozan determinados trabajadores contra el despido que no cumple con ciertos requisitos legales, pero dicha protección no alcanza a otras especies de terminación de la relación de trabajo como es la finalización de la obra contratada. No se debe pues confundir la especie (despido) con el género (terminación de la obra) ya que el fuero sindical según lo previsto en nuestro Código de Trabajo, protege al trabajador sólo contra el despido que consiste en la terminación unilateral del contrato de trabajo por iniciativa del empleador".[82]

En realidad, me parece que, conforme a nuestra legislación, el fuero sindical es una garantía para los miembros de los sindicatos en formación, los directivos sindicales (principales, y suplentes) y los representantes sindicales de los sindicatos, así como para los directivos (principales, y suplentes) de las federaciones y las confederaciones o centrales de trabajadores contra el despido, el traslado, el desmejoramiento, la persecución, las represalias o las sanciones con el objeto de que desarrollen su actividad gremial en el marco de la libertad sindical establecida por las disposiciones constitucionales y legales, así como las derivadas de las convenios internacionales.

B. TRABAJADORES PROTEGIDOS POR EL FUERO SINDICAL

Los *dirigentes sindicales* gozan de fuero sindical. Además, otros trabajadores también lo gozan para impedir que sean víctimas de represalias o persecución.

Los trabajadores que gozan de fuero sindical son los siguientes:

1. Los miembros de los sindicatos en formación (art. 381, num. 1, del C. de T.). Es un fuero que alberga a los fundadores de la organización. Se trata de una norma cuyo propósito es evitar que el empleador, en algunos casos coludido con el Estado e incluso con trabajadores controlados por

80. Sentencia de 30 de abril de 1999, Restrepo vs. Taxi. Sala Tercera de la Corte Suprema de Justicia.
81. Sentencia de 10 julio de 2009, Hípica de Panamá vs. Hurtado. Sala Tercera de la Corte Suprema de Justicia.
82. Sentencia de 17 de agosto de 1998, Hidalgo vs. Abadi. Sala Tercera de la Corte Suprema de Justicia.

aquél, impida la creación del sindicato. En esta línea de acción, el fuero sindical asume la concepción amplia a que se refiere Alfredo Ruprecht.

2. Los miembros de las directivas de los sindicatos, las federaciones y las confederaciones o centrales de trabajadores. De acuerdo con la ley, hasta un máximo de once de los miembros principales gozan de este fuero (art. 381, num. 2, del C. de T.). Este fuero de directivo abriga a los dirigentes de toda organización social, de modo que puedan desempeñarse sin sufrir del empleador o el Estado medidas de retaliación por su acción y militancia.

3. Los suplentes de los directivos, aun cuando no actúen (art.381, num. 3, del C. de T.). Estos suplentes tienen esta protección así: siel sindicato tuviere más de doscientos miembros podrá designarse un número de suplentes igual o menor de los principales y todos gozarán de fuero sindical. Si el sindicato tuviere menos de doscientos miembros, sólo se reconocerán los beneficios del fuero sindical hasta cinco suplentes,que se determinarán tomando en cuenta los que hubieren obtenido el mayor número de votos en la respectiva elección. En caso de que con posterioridad se reemplace a un suplente, quien lo sustituya gozará del fuero de que aquél gozaba.

Los suplentes en las directivas de las federaciones, las confederaciones o centrales de trabajadores, gozarán en todo caso de fuero sindical. (art. 382, subrogado por el art. 46 de la Ley 44 de 1995). El fuero de directivo se extiende a las suplentes en el número establecido por la ley.

4. Los representantes sindicales (art. 381, num. 4, del C. de T.). Este fuero resguarda al trabajador que es el delegado de los intereses de la organización gremial o de industria, o de empresa en donde existan varios establecimientos o centros de trabajo. Estos representantes sindicales no podrán exceder el dos y medio por ciento de los miembros del sindicato y la ley permite designar solo un representante por cada establecimiento o centro de trabajo. (art. 371, del C. de T.).

C. DURACIÓN DEL FUERO SINDICAL

La *duración* del fuero sindical (art. 384, del C. de T.) está sujeta a las siguientes reglas:

1. Para los miembros de los sindicatos en formación se extiende hasta por tres meses después de admitida su inscripción.

2. A los miembros principales y suplentes de las directivas, estos últimos cuando hubiere lugar al fuero, y a los representantes sindicales, hasta por un año luego de haber cesado en sus funciones.

3. El fuero sindical se reconoce desde que el trabajador aparezca en una lista de elección, siempre que la misma se comunique al empleador o a la Inspección de Trabajo; en todo caso la protección sólo puede reconocerse

hasta por el mes anterior a las elecciones. Si no se hiciere la comunicación, el fuero sindical protege a los directivos y los representantes sindicales desde la fecha de su elección.

4. Los trabajadores que resulten electos continúan gozando del fuero sindical, aun antes de tomar posesión, y los candidatos que no fueren designados tendrán el fuero hasta un mes después de verificadas las elecciones.

Los trabajadores o sus representantes, que estén organizando un sindicato pueden, para obtener la protección del fuero sindical, notificar a la Dirección Regional o General de Trabajo, por comunicación escrita, la voluntad del grupo de gestionar la formación del sindicato, con una declaración de los nombres y las generales de cada uno de ellos, y de la empresa, el establecimiento o el negocio donde trabajan. Para formular esta comunicación basta con que el grupo sea mayor de veinte trabajadores.

Sólo desde el momento en que se haga dicha notificación, el sindicato se considera en formación y sus miembros gozan de fuero sindical, hasta por treinta días hábiles siguientes, si durante ellos no han formalizado la solicitud de inscripción del sindicato, conforme al artículo 352 del C. de T. Una vez formalizada la solicitud de inscripción, los trabajadores continúan gozando de fuero sindical en la forma que prescriben los artículos 381 num. 1 y 384 num. 1, del C de T.

En caso de que se hagan objeciones a la solicitud de inscripción del sindicato, el fuero se extiende por todo el tiempo que se concede para subsanar las objeciones. Una vez subsanadas, el fuero sindical de los miembros del sindicato en formación se rige por las reglas señaladas en los artículos 381 y 384.

Luego de presentada la antes indicada comunicación o la solicitud de inscripción del sindicato, cualquier trabajador interesado puede hacer llegar a la Dirección Regional o General de Trabajo su adhesión al sindicato en formación y desde ese momento está protegido por el fuero sindical.

Cuando los organizadores del sindicato no hicieren la comunicación, el sindicato se considera en formación desde que se presente la solicitud de inscripción.

Las autoridades de trabajo deben notificar al empleador o a los empleadores la presentación de la comunicación o la solicitud de inscripción formulada por los trabajadores. No obstante, la omisión de esta notificación por parte de la autoridad de trabajo en nada no afecta la protección del fuero sindical, sin perjuicio de las sanciones que correspondan en contra del respectivo funcionario.

D. VIOLACIÓN DEL FUERO SINDICAL

Para despedir a un trabajador con fuero sindical es menester que el empleador pruebe la causa justificada y la autorización de los jueces seccionales de trabajo.

El artículo 383 indica que el trabajador amparado por el fuero sindical no podrá ser despedido sin previa autorización de los tribunales de trabajo, fundada en una justa causa prevista en la ley.

El despido realizado en contra de lo dispuesto en esta norma, constituye violación del fuero sindical. Igualmente, constituye violación del fuero sindical la alteración unilateral de las condiciones de trabajo o el traslado del trabajador a otro establecimiento o centro de trabajo, cuando este último no estuviere comprendido dentro de sus obligaciones, o si estándolo, el traslado impide o dificulta el ejercicio del cargo sindical, caso en el cual también será necesaria la previa autorización judicial. Cualquier acción de represalia o persecución así mismo constituye violación del fuero sindical y si no se traduce en despido, desmejoramiento o traslado, de todos modos, requiere la intervención de las autoridades administrativas o judiciales de trabajo porque son actos que infringen el ejercicio de la libertad sindical.

Por otro lado, los artículos 978 (subrogado por el artículo 64 de la Ley 44 de 1995) y 979 sancionan al empleador con el reintegro inmediato del trabajador al que se le ha violado su fuero sindical, medida que será decretada por la Dirección General de Trabajo o la Dirección Regional de Trabajo del Ministerio de Trabajo y Desarrollo Laboral, con la presentación de la prueba, al menos indiciaria, que reconozca su derecho al reintegro inmediato. El reintegro está acompañado del pago de los salarios caídos. El empleador puede impugnar el mandamiento de reintegro, dentro de los tres días siguientes a su notificación, en cuyo caso se seguirán a los trámites del proceso abreviado (art. 981, del C. de T.).

III. PRÁCTICAS DESLEALES Y SUS SANCIONES

El empleador debe guardar a los trabajadores la debida consideración, absteniéndose de maltratarlos de palabra o de obra y de cometer en su contra actos que pudieran afectar su dignidad. Igualmente, tiene la obligación de respetar sus organizaciones sociales (art. 128, nums. 6 y18, del C. de T.). El incumplimiento de estos dos deberes legales se traduce en la comisión de prácticas desleales.

Las *prácticas desleales* en contra de los derechos del trabajador y del sindicalismo, prescritas en el artículo 388, del C. de T., se extienden a las conductas siguientes:

1. La formación de listas negras.
2. El maltrato a los trabajadores.
3. Los despidos, las sanciones, las represalias, los traslados, el desmejoramiento o las discriminaciones motivadas por reclamos individuales

o colectivos, por el hecho de organizar o pertenecer a un sindicato, o por haber participado en una huelga o firmado un pliego de peticiones.

4. El despido, con conocimiento, de uno o varios trabajadores amparados por el fuero sindical.

5. Los actos de injerencia de los empleadores con el objeto de promover la organización o el control de sindicatos de trabajadores, o la renuncia o no afiliación a un sindicato (art. 388, num. 5, del C. de T).

6. La entrega o el ofrecimiento a una organización social de trabajadores sumas de dinero, salvo las previstas en la ley o en una convención colectiva de trabajo, siempre que en este último caso sean destinadas para programas de vivienda u otras obras en beneficio directo de los trabajadores.

7. El despido o el desmejoramiento de un número de trabajadores permanentes sindicalizados en forma que modifique, en contra de estos, la proporción entre el personal sindicalizado y el no sindicalizado, o el perteneciente a otro sindicato, dentro de la empresa, a menos que justifique previamente ante los tribunales de trabajo las causas de tales despidos o de la ruptura de dicha proporción. Se aplicará lo antes dispuesto aun cuando los despidos no se realicen simultáneamente (art. 388, num. 7, del C. de T.).

Los trabajadores así despedidos tienen derecho al reintegro con pago de los salarios caídos, pero sólo aquellos trabajadores cuyo despido no sea anterior a más de tres meses a la fecha en que se formula el reclamo. Las controversias que tuvieren lugar la aplicación de esta norma (num. 7, art. 388, del C. de T.) se tramitan mediante proceso abreviado.

Las infracciones al artículo 388, del C. de T., se sancionan con multas de cien a dos mil balboas, según la gravedad de las circunstancias.

Las multas se duplicarán sucesivamente por cada vez queel empleador reincida en la falta, y las impondrán las autoridades administrativas o los tribunales de trabajo.

Las prácticas desleales contenidas en el numeral 5 del artículo 388 del C de T. se conectan con las prohibiciones de actos antisindicales a los empleadores recogidas en el artículo 138, numerales 4 y 5. Se trata de la prohibición de obligar a los trabajadores, ya sea por medio de coacción o por cualquier otro medio, o constreñirlos para que se afilien o no a un determinado sindicato, así como de la prohibición de obligarlos, por cualquier medio a retirarse del sindicato u organización social a que pertenecen o a que voten por determinada candidatura en las elecciones de directivos sindicales.

IV. MEDIDAS DESTINADAS A LA PRESERVACIÓN DE LA INDEPENDENCIA Y LA AUTONOMÍA DE LAS ORGANIZACIONES SOCIALES DE LOS TRABAJADORES

El Órgano Ejecutivo, entonces conformado por el licenciado Martín Torrijos Espino, presidente de la República y por el licenciado Edwin Salamín Jaén, ministro de Trabajo y Desarrollo Laboral, promulgó el Decreto Ejecutivo N.° 27, de 5 de junio de 2009, por "medio de la cual se adoptan medidas destinadas a preservar la independencia y autonomía de las organizaciones sindicales de trabajadores".

Este Decreto Ejecutivo fue dictado, en virtud de las consideraciones siguientes:

> "Que el Gobierno Nacional ha ratificado los convenios 87 y 98 de la Organización Internacional de Trabajo, referentes a la libertad sindical, protección del derecho sindical y a la aplicación del derecho de sindicación y negociación colectiva que les corresponde a los trabajadores.
>
> Que conforme el convenio 87 antes dicho, en su artículo número 3, dispone que las organizaciones de trabajadores y empleadores tienen el derecho de redactar sus estatutos y reglamentos administrativos, el de elegir libremente sus representantes, el de organizar su administración y sus actividades y el de formular su programa de acción. Además, se dispone que las autoridades públicas deben abstenerse de toda intervención que tienda a limitar este derecho o a entorpecer su ejercicio legal, lo que constituye en sí la independencia y autonomía de las organizaciones sindicales.
>
> Que el Código de Trabajo declara de interés público la constitución de sindicatos, como medio eficaz de contribuir al sostenimiento y desarrollo económico y social del país, la cultura popular y la democracia panameña.
>
> Que es responsabilidad del Ministerio de Trabajo contribuir a garantizar que los trabajadores obtengan la capacitación y educación necesaria, para garantizar que administren sus organizaciones sociales con independencia y apegadas a los mejores intereses de sus afiliados.
>
> Que el artículo 138 del Código de Trabajo prohíbe a los empleadores obligar a los trabajadores para que se afilien a determinado sindicato y a retirarse de un sindicato u organización social a que pertenezcan o a que voten por, determinada candidatura en las elecciones de directivos sindicales.
>
> Que el artículo 388 prohíbe la interferencia de los empleadores con el objeto de promover la organización y el control de sindicatos de trabajadores.

Que el Artículo 84 define al empleado en posición de confianza como aquel que ejecuta servicio de dirección, fiscalización o representación del empleador, cuando sean de carácter general dentro del giro normal de las actividades del empleador o cuando así se disponga en la Convención Colectiva".

Por lo tanto, dicho Órgano dispuso: "Adoptar las siguientes medidas con el fin de preservar la independencia y autonomía de los sindicatos en las empresas y prevenir la injerencia de los empleadores en las organizaciones de trabajadores, ya sea abierta o encubierta:

1. Los inspectores de trabajo llevarán a cabo inspecciones en respuesta a las quejas recibidas, relacionadas con el cumplimiento de los artículos 84, 138 y 388 del Código de Trabajo.
2. Se establece un mecanismo de recepción de denuncias relacionadas con actuaciones que afecten la formación, independencia y autonomía sindical, en el cual se indicarán los plazos en que se verificará la queja y se le dará la respuesta al denunciante.
3. Se capacitará a los trabajadores y a los líderes sindicales sobre sus derechos y obligaciones, relacionados con la formación de organizaciones de trabajadores, la democratización interna de los sindicatos y la autonomía que éstos deben tener frente a los empleadores, de acuerdo con la ley y sus estatutos, de los sindicatos de los empleadores, así como sobre la clasificación de los trabajadores de confianza" (art. 1°).

Igualmente, ordenó "Designar a la Dirección General de Trabajo o a las Direcciones Regionales de Trabajo, con el apoyo de la Dirección Nacional de Inspección de Trabajo, para que establezca un programa para recibir y responder quejas de trabajadores, de dirigentes sindicales, de federaciones, confederaciones o centrales de trabajadores, orientadas a señalar que una organización sindical se encuentra bajo la influencia abierta o velada de un empleador, para lo cual presentará o aducirá pruebas al menos indiciarias para proceder de conformidad con el numeral 2 del artículo 355 y del numeral 3 del artículo 393 del Código de Trabajo. En todo caso, los inspectores que se comisionen para hacer la verificacióno investigación, deben efectuar su labor, respetando el derecho que tienen los dirigentes sindicales a conservar su autonomía. Las denuncias se podrán presentar verbalmente o por escrito. En el caso de denuncias orales, el servidor público que reciba la queja dejará constancia escrita de lo que indique el trabajador y tanto en el caso de denuncias orales como escritas, la Dirección General de Trabajo o la Dirección Regional de Trabajo decidirá, en un plazo de diez (10) días hábiles, si el caso se puede atender en el Ministerio de Trabajo y Desarrollo Laboral, mediante el procedimiento establecido en lo pertinente del Capítulo III de la Ley 53 de 28 de agosto de

1975, que incluye la facultad de imponer sanciones a los infractores de las disposiciones del Código Laboral" (art. 2°).

Finalmente, decidió "Designar al Instituto Panameño de Estudios Laborales, para que en su plan anual de trabajo, refuerce la capacitación de los trabajadores y dirigentes sindicales, de acuerdo a lo señalado en el numeral 3 del artículo primero de este decreto" (art. 3º).

GUÍA DE ESTUDIO

1. ¿Qué implican las medidas de protección al sindicalismo?
2. ¿En qué consiste el fuero sindical?
3. ¿A quiénes protege el fuero sindical?
4. ¿Cuánto tiempo dura el fuero sindical?
5. ¿Cuáles son las situaciones en que existen las practicas desleales y qué sanciones son procedentes?
6. ¿Qué medidas destinadas a la preservación de la independencia y la autonomía de las organizaciones sociales de los trabajadores ha dictado el Órgano Ejecutivo?

Lección VII
LA CONVENCIÓN COLECTIVA DE TRABAJO

I. DEFINICIÓN

Nuestro régimen jurídico laboral denomina *convención colectiva de trabajo* a una figura que en otras latitudes ostenta nombre distinto, pero sus contornos son en esencia equivalentes. En México, la Ley Federaldel Trabajo usa la terminología: *contrato colectivo de trabajo*. En otros ordenamientos y en la doctrina también se le conoce con el calificativo de *pacto colectivo de trabajo* y en otros con el de *convenio colectivo de condiciones de trabajo, convenio colectivo de trabajo, contrato de tarifa, convenio colectivo normativo de trabajo, concordato intersindical, contrato de paz social, concordato de trabajo y convención sobre normas de trabajo y salarios.*[83] En el Código de Trabajo de 1972 se le designa con el mencionado nombre de *convención colectiva de trabajo*, que cobró vida en la Organización Internacional del Trabajo desde 1951.

Esta institución, pese a la diversidad de nombres, sufrió un proceso histórico, que Mario de la Cueva describe así: "a) Su prohibición, que es una etapa previa; b) su tolerancia, resultado de haberse levantado las prohibiciones contra la coalición y la asociación profesional; c) su explicación por el derecho civil; su reconocimiento por las leyes civiles; su reglamentación en leyes especiales; f) su elevación a garantía constitucional".[84]

El propio tratadista De la Cueva define la institución en el orden del "convenio que celebran los representantes profesionales de los trabajadores y de los patronos o estos aisladamente, para fijar sus relaciones mutuas y crear el derecho que regule, durante un cierto tiempo, las prestaciones individuales de servicios".[85]

Según Percy Román, "es todo acuerdo escrito, relativo a las condiciones de trabajo y de empleo, celebrado entre un empleador y un sindicato".[86]

Para la OIT, es "toda convención escrita, concluida por cierto período, entre uno o varios patronos o una organización patronal, de una parte, y un grupo de obreros o una organización obrera, de otra parte, con el fin de unificar las condiciones de trabajo individuales y eventualmente,

83. Cfr. LÓPEZ FAJARDO, Alberto. *Elementos de Derecho del Trabajo.* 2.ª edición, Librería Ediciones del Profesional Ltda., Bogotá, D. C. Colombia, 2004, p. 527.
84. DE LA CUEVA, Mario. *Derecho Mexicano de Trabajo.* Porrúa Hermanos, México, 1959, p. 474, citado por GUERRERO FIGUEROA, Guillermo. *Derecho Colectivo del Trabajo.* 9.ª edición, Editorial Leyer, Bogotá, D. C., 2005, p. 479.
85. DE LA CUEVA, Mario. *Derecho Mexicano de Trabajo.* Tomo II, Editorial Porrúa, S. A., México, 1970, p. 647.
86. ROMÁN, Percy. *Convenciones colectivas en Panamá.* Negociación, contenido, estrategia. Panamá, 1993, p. 20.

reglamentar otras cuestiones que interesen al trabajo".[87]

En tanto, la Recomendación N°51 (1951), expresa que es "Todo acuerdo relativo a las condiciones de trabajo y de empleo, celebrado entre un empleador, un grupo de empleadores o una o varias organizaciones de empleadores; por una parte, y, por la otra, una o varias organizaciones representativas de trabajadores o, en ausencia de tales organizaciones, representantes de los trabajadores interesados, debidamente elegidos y autorizados por estos últimos, de acuerdo con la legislación nacional".[88]

La Ley Federal del Trabajo de México preceptúa que "es el convenio celebrado entre uno o varios sindicatos de trabajadores y uno o varios patronos o uno o varios sindicatos de patronos, con el objeto de establecer las condiciones según las cuales debe prestarse el trabajo en una o más empresas o establecimientos" (art. 386).

El Código Sustantivo de Trabajo colombiano expone: "es la que se celebra entre uno o varios patronos o asociaciones profesionales, por una parte, y uno o varios sindicatos o federaciones sindicales de trabajadores, por la otra, para fijar las condiciones que regirán los contratos de trabajo durante su vigencia" (art. 467).

El artículo 398 del C. de T. define la convención colectiva de trabajo en Panamá así: "es todo acuerdo escrito relativo a las condiciones de trabajo y de empleo, celebrado entre un empleador, un grupo de empleadores o una o varias organizaciones de empleadores, por una parte y por la otra uno o varios sindicatos, federaciones, confederaciones o centrales de trabajadores".

Los elementos de esta *definición legal* panameña son:

1. *Es un acuerdo*. Es un concierto de voluntades, un pacto, un compromiso, un arreglo, cuyos contornos está apropiadamente reglamentado por el Título II (Convención Colectiva de Trabajo), del Libro III (Relaciones Colectivas), del Código de Trabajo.

2. *Es por escrito*. La forma de este acuerdo ha de ser siempre escrita. Al tenor del artículo 399 del C. de T., la convención colectiva se suscribe en tres ejemplares, uno para cada parte y el tercero se presenta al Ministerio de Trabajo y Desarrollo Laboral. Por lo tanto, se excluyen los acuerdos verbales y los tácitos. El contrato individual de trabajo, en cambio, puede ser verba o escrito, pero a partir de la Ley 44 de 1995, prevalece la forma escrita.

---

87. Citada por GUERRERO FIGUEROA, Guillermo. *Manual de Derecho del Trabajo*. 3ª edición, Editorial Leyer, Bogotá D. C. -Colombia, 2003, p. 551.
88. GERNIGON, B., ODERO, A. y GUIDO, H. *"Negociación colectiva"*, en *Normas internaciones del trabajo*. Un enfoque global. Director: J. C. Javillier, coordinador A. Odero, Oficina Internacional del Trabajo, Ginebra, 2001, p. 48.

3. *Concierne a las condiciones de trabajo y empleo.* La materia sobre la que recae el acuerdo escrito atañe a las condiciones de labores y ocupación de los trabajadores. La convención colectiva gravita sobre las condiciones generales y particulares de trabajo. Conforme a la reforma de 1995 es además herramienta jurídica idónea para reglamentar el Código de Trabajo, pues su contenido permite desarrollar todas sus disposiciones y, al mismo tiempo, renovar en el escenario de la empresa, los deberes y los derechos de los trabajadores y los empleadores. En todo caso, aunque la norma no lo exprese abiertamente, coincidimos con Francisco Lafont, en que toda convención colectiva "tiene por objetivo mejorar las condiciones laborales individuales y colectivas".[89]

Este elemento, atinente a las condiciones de trabajo y empleo distingue la convención colectiva de trabajo del contrato individual de trabajo, porque "éste hace nacer entre las partes directamente la relación de empleo, esto es, la obligación ... (del) empleado (de) prestar el servicio y la ... del empleador ocuparlo y remunerarlo".[90]

4. *Los sujetos son los factores de la producción.* El factor capital y el factor trabajo están involucrados en la celebración de la convención colectiva de trabajo. El capital está representado por persona natural o jurídica, es decir, por el empleador (persona natural o jurídica), un grupo de empleadores (personas naturales o jurídicas, o ambos) o una o varias organizaciones de empleadores. El factor trabajo está representado por siempre por una o distintas personas jurídicas: un sindicato, varios sindicatos, una federación, o una confederación o central. En el contrato de individual de trabajo, en cambio, hay dos sujetos individuales: el trabajador, persona natural y el empleador, persona natural o jurídica. Incluso, en el contrato de grupo o de equipo los sujetos trabajadores son individuales. En este caso, hay un empleador, persona natural o jurídica y varios trabajadores, todos son personas naturales; que contraen con ese empleador una relación individual.

II. NEGOCIACIÓN COLECTIVA Y CONVENCIÓN COLECTIVA

La convención colectiva de trabajo tiene como paso previo la *negociación colectiva,* proceso mediante el cual los factores de la producción llevan a cabo en forma conjunta una serie de actos encaminados a concretar los acuerdos relativos a las pretensiones formuladas por los trabajadores sindicalizados.

Según Antonio Ojeda Avilés, el derecho de negociación colectiva tiene como su parte nuclear "la libertad para regular las condiciones de

89. LAFONT, Francisco. *Derecho Laboral Colectivo.* Ediciones Ciencia y Derecho, Bogotá, 1991, p. 221.
90. GOMES, Orlando y GOTTSCHALK, Elson. *Curso de Derecho de Trabajo.* Vol. II, 1.ª edición es español, Miguel Bermúdez Cisneros, traductor y autor de los comentarios al Derecho Mexicano, Cárdenas, editor y distribuidor, México, D. F., 1979, p.793.

trabajo mediante instrumentos colectivos que tengan preferencia en esta materia sobre la regulación pública y supremacía sobre la regulación individual".[91]

En nuestro Derecho Laboral, la negociación colectiva dirigida a celebrar una convención colectiva puede producirse a través del trato o arreglo directo, o la conciliación.

B. Gernigon, A. Odero y H. Guido, sintetizan los principios de la negociación colectiva, sentados por la Comisión de Expertos de la OIT, a partir de los convenios y las recomendaciones y otros instrumentos de la Organización, de la manera siguiente:

El derecho de negociación colectiva es un "derecho fundamental", que los miembros de este organismo deben respetar, promover y hacer realidad de buena fe, en cumplimiento de la Declaración de la OIT relativa a los principios y los derechos fundamentales en el trabajo y su seguimiento. Su reconocimiento tiene carácter general tanto en el sector público como en el sector privado y solo puede excluirse de su ejercicio a las fuerzas armadas, la policía y "a los funcionarios públicos en la administración del Estado". Su titularidad corresponde a los empleadores y sus organizaciones; por una parte y a las organizaciones de trabajadores por otra (sindicatos de base, federaciones y confederaciones) y solo es posible que representantes de los trabajadores interesados celebren negociaciones colectivas en ausencia de tales organizaciones. "Es admisible que el sindicato que represente a la mayoría o a un porcentaje elevado de trabajadores de una unidad de negociación goce de derechos preferenciales o exclusivos de negociación, pero cuando ningún sindicato reúna esas condiciones y no se le reconozcan tales derechos exclusivos, las organizaciones de trabajadores deberán cunado menos estar en condiciones de concluir un convenio o acuerdo colectivo en nombre de sus afiliados".

"La negociación colectiva tiene por objeto el establecimiento de las condiciones de trabajo y empleo en su sentido amplio y la regulación de las relaciones entre las partes". Está presidida del principio de la buena feque "entraña la realización de esfuerzos voluntarios y continuos de ambas partes para llegar a un acuerdo". En otros términos, ambas partes tiene el deber de acatar el principio de negociar de buena fe. Los acuerdos o los convenios que se logren son vinculantes y deben fijar condiciones más favorables a los trabajadores que los fijados por la ley o los contratos individuales de trabajo, salvo que las estipulaciones de estos sean más favorables.

El ejercicio del derecho a la negociación colectiva requiere que las organizaciones de los trabajadores sean de naturaleza independientes del

---

91. OJEDA AVILÉS, Antonio. *Compendio de Derecho Sindical*. Editorial Tecnos, Madrid, 1998, p. 280.

empleador y del Estado; por lo tanto, no deben estar sometidas al control del empleador o de una organización de empleadores y el proceso de negociación debe realizarse sin la injerencia indebida de las autoridades.

Como es de carácter voluntario, porque se deriva de la libertad sindical, la negociación colectiva no puede ser impuesta a las partes y "los mecanismos de auxilio a las negociaciones debe tener en principio carácter voluntario". El "nivel de la negociación no debe ser impuesto unilateralmente por la legislación, las autoridades y las negociaciones deben poder desarrollarse en cualquier nivel".

La conciliación y la mediación dispuestas por la ley en el contexto de la negociación colectiva son admisibles cuando establecen plazos razonables. Sin embargo, el arbitraje obligatorio cuando las partes no llegan a un acuerdo se considera, de manera general, contrario a la negociación colectiva voluntaria. El arbitraje obligatorio solo se admite en los servicios esenciales en sentido estricto: los que "cuya interrupción ponen en peligro la vida, la seguridad la salud de la persona en todo o en parte de la población". Así mismo se admite respecto de los funcionarios de la administración del Estado, cuando tras negociaciones "prolongadas e infructuosas" es evidente que "el bloqueo de las negociaciones no será superado sin una iniciativa de las autoridades" y en caso de "crisis nacional aguda". El arbitraje voluntario, el "aceptado por ambas partes es siempre legítimo".

Las intervenciones de las autoridades (legislativas o administrativas) en el orden de anular o alterar el contenido de los convenios colectivos (convenciones colectivas) libremente pactados, incluyendo el aspecto de las cláusulas salariales, son contrarias al principio de la negociación colectiva voluntaria.

Las limitaciones que impongan las autoridades basadas en las "políticas de estabilización económica o de ajuste estructural requeridas por imperiosos motivos de interés económico", sobre todo en el tema salarial, con respecto al contenido de las negociaciones colectivas futuras, son admisibles siempre que tales limitaciones estén antecedidas de consultas con las organizaciones de trabajadores y cumplan las condiciones siguientes: 1. Aplicarse como medida excepcional; 2. Limitarse a lo indispensable; 3. No exceder un período razonable; y 4. Estar "acompañadas de garantías destinadas a proteger de manera efectiva el nivel de vida de los trabajadores interesados, y especialmente de aquellos que puedan resultar afectados".[92]

III. SUJETOS Y LEGITIMACIÓN

La celebración de una *convención colectiva de trabajo* es una obligación para el empleador y un derecho para la organización social. De ahí que la ley imponga el deber a todo empleador, que tenga a su servicio

92. GERNIGON, B., ODERO, A. y GUIDO, H. *Op. cit.*, pp. 53, 54 y 55.

trabajadores miembros de un sindicato, de celebrar con este, previa solicitud, una convención colectiva. Si el empleador se niega a celebrarla, los trabajadores tienen la libertad, una vez terminado el trato o arreglo directo, o la conciliación para ejercitar el derecho a huelga.

Sin embargo, lo cierto es que conforme al artículo 12 de la Ley 8 de 30 de abril de 1981 ninguna empresa estaba obligada a negociar y suscribir una convención colectiva durante los dos primeros años de operaciones. Tres lustros después, se puso en vigor la Ley 32 de 5 de abril de 2011, que establece un régimen especial, integral y simplificado para el establecimiento y la operación de las Zonas Francas y dicta otras disposiciones, cuyo artículo 78 derogó el mencionado artículo 12 de la Ley 8. De ahí que recobra actualidad tal deber del empleador desde el inicio de sus operaciones.

Por parte del *factor capital* están legitimados para negociar y sancionar la convención colectiva tanto sujetos individuales como colectivos. De esta forma, el *empleador* puede ser una persona natural como jurídica y lo mismo cada uno de los integrantes del *grupo de empleadores* que está legitimado a tal efecto. En cambio, una *organización de empleadores*, al igual que varias *organizaciones de empleadores*, son personas jurídicas, sea que deban su existencia a las normas laborales, sea que estén constituidas conforme a las normas civiles, sea que deban su formación a las normas mercantiles.

Los empleadores no organizados justifican su representación conforme al derecho común. Si se trata de personas jurídicas, el representante legal o el gerente de la empresa podrá representarlas en la convención colectiva.

Las organizaciones sociales de empleadores prueban su personería por medio de certificación expedida por el Ministerio de Trabajo y Desarrollo Laboral y la autorización para celebrar la convención colectiva mediante copia autentica de la resolución que al efecto dicte la Junta Directiva o la Asamblea General de la organización social de que se trate.

Cuando se trate de organizaciones de empleadores constituidas conforme al derecho común, se sujetan a este en lo referente a la prueba de la personería y de la autorización para negociar.

Por parte del *factor trabajo* no están legitimados para negociar y suscribir convenciones colectivas de trabajo ni el los trabajadores individualmente considerados ni un grupo de trabajadores, aunque laboren en equipo. Únicamente tienen la capacidad jurídica las organizaciones sociales, los sujetos colectivos: el *sindicato, varios sindicatos*, las *federaciones* o las *confederaciones* o *centrales*.

Las organizaciones sociales de trabajadores acreditan su personería por conducto de certificación expedida por el Ministerio de Trabajo y

Desarrollo Laboral y la autorización para celebrar la convención colectiva mediante copia autentica de la resolución que al respecto pronuncie la Junta Directiva o la Asamblea General de la organización social de que se trate.

Si varias organizaciones sociales de trabajadores concurren a la celebración de una convención colectiva en una misma empresa y se ponen de común acuerdo no será necesario dilucidar cuál tiene el derecho de negociarla. En el caso de que no lo hicieren, el artículo 402 del C. de T. indica las reglas de preferencia, que son las subsiguientes:

1. Si concurre un sindicato de empresa con uno o más sindicatos industriales, la convención colectiva se celebra con el que tenga mayor número de trabajadores dentro de la empresa.

2. Si concurren los sindicatos gremiales con sindicatos de empresa o de industria pueden los primeros celebrar una convención colectiva para su profesión, siempre que el número de afiliados sea mayor que el de los trabajadores del mismo gremio que formen parte del sindicato de empresa o de industria y que presten servicios en la empresa o la industria correspondiente.

3. Si concurren varios sindicatos gremiales, la convención colectiva se celebra con el conjunto de los sindicatos mayoritarios que representen a las profesiones, siempre que se pongan de acuerdo. En caso contrario, cada sindicato celebra una convención colectiva para su profesión.

Otras reglas de carácter práctico las esbozó en su oportunidad el entonces Ministerio de Trabajo y Bienestar Social, del tenor siguiente:

1. "...un Sindicato sólo puede pedir la celebración de una segunda Convención Colectiva cuando represente a trabajadores pertenecientes a categorías excluidas de la primera convención, por ejemplo, un sindicato de tipo gremial. Si la convención colectiva comprende todas las categorías de trabajadores, no hay posibilidad legal de que pueda celebrarse otra convención con un sindicato distinto".
2. "Si conforme al Artículo 402 un sindicato determinado tiene preferencia en ese momento para celebrar la convención colectiva, pero quien la pide es el sindicato que carece de esa preferencia en ese momento, lo más prudente es participar de la solicitud del sindicato mayoritario a fin de evitar que éste alegue posteriormente que hubo colusión entre la empresa y el sindicato minoritario de la empresa a fin de desvirtuar la obligatoriedad de la negociación colectiva. Pero si de manera abierta y con participación de los trabajadoresen general se negocia y se firma la convención colectiva con un sindicato, sin que el mayoritario haya hecho uso de la preferencia, no podrá invocar con posterioridad el Artículo 402 para pedir una

segunda convención colectiva, con sujeción a los supuestos que arriba dejamos enunciado, y siempre que se haya dado oportunidad al sindicato mayoritario de hacer uso de su preferencia mediante la comunicación del caso".[93]

El presidente Martín Torrijos Espino, al final de su mandato, promulgó el Decreto Nº.18, de 20 de mayo de 2009, "Por el cual se reglamentan los artículos 398, 400, 401, 403 y 431 del Decreto de Gabinete Nº. 252 de 30 de diciembre de 1971 (Código de Trabajo), modificado por la Ley 2 de 1993", que se fundó en el texto de este Decreto establece lo siguiente:

1. "Reconocer que el derecho de negociar y suscribir Convención Colectiva de Trabajo, por parte de los trabajadores, corresponde a las organizaciones sociales debidamente constituidas, en concordancia con los artículos 398, 400, 401 y 403 del Código de Trabajo. "En consecuencia, el Ministerio de Trabajo y Desarrollo Laboral no admitirá ningún Pliego de Peticiones que se presente por un grupo no organizado de trabajadores para la suscripción de una Convención Colectiva de Trabajo" (art. 1°).
2. "Un empleador no podrá entablar negociaciones con un grupo no organizado de trabajadores para celebrar un acuerdo colectivo de trabajo o por un pliego de peticiones para un acuerdo colectivo de trabajo cuando exista una organización sindical debidamente constituida en la empresa. Cuando exista una organización sindical de trabajadores debidamente constituida dentro de una empresa, un grupo no organizado de trabajadores de la empresa podrá presentar, para su registro, ante el Ministerio de Trabajo y Desarrollo Laboral, Acuerdos Colectivos o Pliego de Peticiones para la celebración de Acuerdos Colectivos con el empleador. El Ministerio verificará, antes de proceder a su registro, que no existe un sindicato en la empresa, y que con dicho Acuerdo Colectivo no se vulneran los derechos y prestaciones de los trabajadores, conforme el artículo 8 del Código de Trabajo, ni se obstaculiza el derecho de asociación sindical. Si se dieran alguna o algunas de estas condiciones el Acuerdo Colectivo o el Pliego de Peticiones para la celebración de Acuerdo Colectivo no se admitirá".

"El registro así hecho no será obstáculo para que posteriormente una organización sindical de trabajadores presente una Convención Colectiva negociada por la vía directa o Pliego de Peticiones para la suscripción de una Convención Colectiva de Trabajo; o para que el empleador rehúse celebrar una Convención Colectiva de Trabajo con el sindicato, las cuales no podrán desconocer el mínimo de los

93. *Nota de 7 de abril de 1972. Rolando MURGAS T., viceministro de Trabajo y Bienestar Social.*

derechos consignados en el Acuerdo Colectivo ya registrado" (art. 2°).

3. "En concordancia con lo señalado en ese Decreto, no seráposible la acumulación de dos pliegos de peticiones cuando unode los solicitantes sea una organización sindical de trabajadores,y, por el otro lado, un grupo no organizado de trabajadores, y las negociaciones sobre Pliego de Peticiones deben proceder, en consecuencias, al trámite de ley en relación con el presentado por el sindicato (art. 3°).

IV. CARACTERÍSTICAS

Alberto López Fajardo considera que la convención colectivade trabajo "presenta unas características que les son propias y que las identifican como un contrato *sui generis* dentro de las relaciones laborales y aplicables a los sujetos contratantes, que lo son el sindicato o un grupo de sindicatos y el empleador o grupo de empleadores. Estas características son:

a) Es un contrato *principal*, pues su autonomía le hace independiente de otras figuras contractuales, pues tiene vida jurídica propia y no depende de ningún otro acuerdo o pacto para su vigencia jurídica.

b) Es un contrato *oneroso*, pues con él se buscan utilidades recíprocas para las partes contratantes, es decir, cada una de ellas busca la utilidad y los beneficios señalados en el contrato.

c) Es un contrato de *tracto sucesivo*, a diferencia de los contratos de cumplimiento instantáneo o automático, en éste las obligaciones naceny se extinguen de forma periódica en la medida en que las partes dan cumplimiento a los acuerdos respectivos.

d) Es un contrato *bilateral*, por cuanto las dos partes se responsabilizan en el cumplimiento de determinadas obligaciones y en su perfeccionamiento concurren el empleador de una parte y el sindicato o asociación de sindicatos, por la otra.

e) Es un contrato *conmutativo*, pues las partes contratantes se obligan a dar o hacer algo que se tiene como equivalente de lo que a la otra le corresponde dar o hacer.

f) Es un contrato *solemne*, pues debe constar siempre por escrito y sus efectos se miden a partir del depósito [...], requisitos sin los cuales no puede oponerse a los beneficiarios o a los terceros"[94].

A la luz del artículo 399, del C. de T., la convención colectiva en Panamá se suscribe en tres ejemplares, uno para cada contratante y el tercero se entrega para su registro en el Ministerio de Trabajo y Desarrollo Laboral.

---

94. LÓPEZ FAJARDO. Op. cit., pp. 528 y 529.

V. NATURALEZA JURÍDICA

En torno a la naturaleza jurídica de la convención colectiva de trabajo giran teorías contractualistas o civilistas, teorías normativas, reglamentarias o publicistas y teorías mixtas.

Las teorías contractualistas o civilistas son las siguientes: 1. *La teoría del contrato preliminar:* la convención colectiva es un acto preliminar para el perfeccionamiento del contrato individual de trabajo; ósea, que los trabajadores antes de formalizar esos contratos individuales, fijan por medio de sus representantes y de acuerdo con los patronos, las condiciones de obligarse individualmente". Esta tesis -replica con propiedad Guillermo Guerrero Figueroa- es inaplicable, porque sucede que, cuando se celebran las convenciones colectivas, ya los contratos individuales de trabajo vienen ejecutándose con anterioridad".[95] Entre nosotros, es obvio que la convención colectiva se celebra después de los contratos individuales, pues primero debe haber trabajadores contratados en la empresa, para que formen un sindicato que, a su vez, celebre dicha convención colectiva.

Es más, esta modifica automáticamente las estipulaciones de los contratos de trabajo menos favorables a los trabajadores porque son contrarias o incompatibles con ella (art. 408). 2. *La teoría del contrato innominado*: es un instrumento contractual no reglamentado, pero autorizado por el ordenamiento legal. Sin embargo, "la convención colectiva -dice este mismo autor- representa el molde utilizado para que dentro de ella se vacíen los contratos individuales, lo que resulta indispensable para que la convención se formalice. Es imposible aplicar convenciones colectivas mientras no haya contratos individuales a los cuales aplicarlas".[96] Entre nosotros, si bien la convención colectiva se aplica a todas las categorías de trabajadores (salvo la exclusión de algunas categorías) de la empresa (mediante contrato o incorporados a los servicios), sindicalizados o no, lo cierto es que las reglas de la convención colectivas están previamente delineadas desde el artículo 398 hasta el artículo 416 del Código de Trabajo, de lo que resulta infructuoso intentar encuadrarla en el rango de los dispositivos jurídicos innominadas. 3. *La teoría del mandato*: el sindicato es un mandatario de sus asociados y, por consiguiente, el representante de sus intereses individuales, en cuanto a la celebración de la convención colectiva. Celebrada esta, el sindicato agotó su misión y no está facultado, ante cualquier conflicto, para actuar en juicio o al margen de él para hacerla cumplir. La falla de esta teoría se basa en que, entre nosotros, el sindicato, una de las partes de la convención, puede por disposición legal promover ante las autoridades administrativas o judiciales de trabajo todas las peticiones, las denuncias o las acciones que se deriven de esta sin necesidad de poder previo otorgado por los sindicalistas afectados

95. GUERRERO FIGUEROA. *Op., cit.*, pp. 509 y 510.
96. *Ibidem*, p. 510.

por el incumplimiento (art. 409). Además, se critica dada la naturaleza de este contrato: "el mandato es revocable, mientras que la convención, una vez perfeccionada, es de cumplimiento obligatorio para las partes". 4. *La teoría de la estipulación en favor de terceros:* el sindicato es un tercero que hace con la firma de la convención colectiva, creadora de derechos y obligaciones, estipulaciones a favor de los sindicalistas, con lo cual queda constituido como parte actuante de esta convención y puede ejercer las acciones judiciales o extrajudiciales derivadas de su incumplimiento. Sin embargo, para la eficacia de la estipulación a favor de terceros, es necesaria la declaración de estos de "querer beneficiarse de sus condiciones"[97]; pero resulta que entre nosotros eso no es así: la convención colectiva surte plenos efectos por ministerio de la ley con respecto a todas las categorías de trabajadores que estén empleados en la o las empresas comprendidas en ella, miembros o no del sindicato (arts. 404 y 405). 5. *La teoría dela gestión de negocios:* según la cual, la dirigencia sindical se convierteen un gestor de negocios. No obstante, en la gestión de negocios, el gestor asume el negocio en forma voluntaria y espontánea, pero en la convención colectiva existe una "previa delegación expresa o tácita, del grupo profesional a sus dirigentes para su estipulación". Además, es difícil demostrar que el negocio se refería a otros, siendo el sindicato, como lo es, interesado en su conclusión, además de poder vincularse al negocio por obligaciones específicas".[98] En Panamá, esta teoría no tiene asidero, porque el pliego de peticiones dirigido a celebrar la convención colectiva debe estar precedido por la autorización para negociarla de la asamblea general del sindicato de que se trate (art. 428).

Las teorías normativas, reglamentarias o publicistas son las subsiguiente: 1. *La teoría de la institución*: el sindicato es una institución y la convención colectiva es el estatuto o la carta de esa institución que está integrada por esa agrupación profesional. 2. *La teoría del acto-unión o solidaria*: le niega el valor incondicional de los civilistas a la autonomía de la voluntad y el culto de los publicistas al monopolio de la ley, enmarca encasilla lo convención colectiva en una nueva categoría de actos jurídicos (León Duguit). Los actos jurídicos son ser unilaterales o plurilaterales.

Estos últimos son contratos, actos colectivos o uniones, en los que hay concurso de voluntades, pero la convención colectiva se diferencia porque es un acto-unión, en el que "la coincidencia de voluntades crea una regla, una norma de actividades, da lugar a un estatuto". 3. *La teoría normativa*: la convención colectiva es una norma de Derecho y forma parte de un sistema normativo estatal y no cabe concebirla como el resultado de la voluntad colectiva de los grupos profesionales. En este sistema promovido por Hans Kelsen, "la convención colectiva entra como una especie común

---

97. GOMES y GOTTSCHALK. *Op. cit.*, Tomo II, p. 803.
98. *Ibidem*, p. 803.

de acto jurídico, más como todos los otros, normativos".[99] Entre nosotros, si bien la convención colectiva es consecuencia de la voluntad de las partes, por mandato del Código de Trabajo, forma parte del sistema normativo-laboral del Estado y es una de sus fuentes formales principales.

Las teorías mixtas parten de la idea que la convención colectiva en sentido amplio se identifica en cuanto a su formación con el contrato de trabajo, dado que es un negocio jurídico bilateral, un acuerdo de voluntades, mientras que en su contenido "se semeja a la norma jurídica, entendida esta en su acepción amplia de precepto regulador de relaciones jurídicas, por vía general". "Quiere decir que es un contrato mixto de interés general.

La naturaleza y los efectos de las disposiciones normativas del contrato colectivo resultan de la finalidad sociológica, esto es, del hecho de que son el instrumento de la función normativa autónoma de dicho contrato. En cumplimiento de esta función, la convención colectiva crea mediante esas disposiciones normas laborales objetivas autónomas para los contratos individuales de trabajo. Poseen, necesariamente, dos cualidades: a) Son verdaderas normas jurídicas; b) Son inderogables; por eso reúnen dos elementos: el efecto obligatorio y el inmediato o automático.

La parte obligacional se refiere a las obligaciones mutuas que los sujetos asumen (sindicatos). Sirven para dar eficacia a la parte normativa".[100] Por eso, según Francesco Carnelutti, la convención colectiva de trabajo tiene "cuerpo de contrato y alma de ley".[101]

VI. CONTENIDO

El contenido de la convención colectiva de trabajo se integra de cláusulas *normativas* y cláusulas *obligacionales*.

Las cláusulas *normativas* son reglamentarias de las condiciones generales y particulares de trabajo en el ámbito de la empresa o de las empresas que resultan obligadas. Se trata de los cánones estándares y específicos con eficacia similar a la legislación proveniente del Estado. Para la jurisprudencia colombiana, "el contenido de las cláusulas normativas, se traduce en una serie de disposiciones, con vocación de permanencia en el tiempo, instituidas para regular las relaciones de trabajo que en dichas disposiciones se establecen anticipadamente y en forma abstracta las estipulaciones que regirán las condiciones individuales para la prestación de los servicios, esto es, los contratos individuales de trabajo".[102]

---

99. *Ibidem*, pp.805, 806 y 807.
100. *Ibidem*, p.808.
101. Citado por LÓPEZ GUERRA, Guillermo. *"Fuentes del Derecho del Trabajo. Ley y autonomía privada"*, en la ponencia recogida en la Memoria del Congreso Internacional: *"Las fuentes del Derecho del Trabajo en el sistema jurídico Latinoamericano"*, que fue publicada Roma e America. Diritto Romano Comune N.°2, Revista di Diritto Dell'Integrazione e Unificazione del Diritto in Europa e in América Latina, Universitá *"Tor Vergata"*, Mucchi Editore, Roma, 1996, p. 80.
102. LÓPEZ FAJARDO. *Op. cit.*, p. 531.

Las cláusulas *obligacionales* son las que desarrollan los derechos y las obligaciones de cada una de las partes actoras en la convención o de ambas. Es decir, son las que imponen las prestaciones individualizadas a cargo del empleador o a cargo del sindicato, o las prestaciones recíprocas.

Alberto López Fajardo reafirma que "Las cláusulas obligacionales son aquellas cuyos titulares son las partes celebrantes del convenio colectivo y no los sujetos de los contratos de trabajo, como en las cláusulas del contenido normativo". [103]

El artículo 403, modificado por la Ley 8 de 30 de abril de 1981 y luego por la Ley 44 de 12 de agosto de 1995, admite las cláusulas normativas y las obligacionales, al prescribir que la convención colectiva de trabajo *contendrá*:

1. Los nombres y los domicilios de las partes (num.1).

2. Las empresas o las instituciones comprendidas, o ambas (num. 2, modificado por el art. 53 de la Ley 44 de 1995);

3. La reglamentación del comité de empresa, para los únicos fines de tramitar las quejas de los trabajadores y establecer un efectivo sistema de comunicación y entendimiento entre el sindicato y la empresa (num. 3, modificado por el art. 8 de la Ley 8 de 1981);

4. Las estipulaciones sobre condiciones generales y particulares de trabajo. También podrá contener estipulaciones sobre los salarios, el comité de empresa, la movilidad laboral, el fondo de cesantía, la productividad, los contratos individuales de trabajo, las obligaciones y las prohibiciones de las partes, las jornadas y los horarios de trabajo, los descansos obligatorios, las patentes de invención, las vacaciones, la edad de jubilación y en general, todas aquellas disposiciones que desarrollen el contenido del Código de Trabajo o actualicen, de acuerdo la realidad de la empresa, los deberes y derechos de las partes, con el objeto de estrechar lazos de colaboración para su mutuo beneficio (num. 4, modificado por el art. 53 de la Ley 44 de 1995);

5. La duración (num. 5, subrogado por el art. 8 de la Ley 8 de 1981);

6. Las estipulaciones del artículo 68 (contenido mínimo del contrato individual de trabajo) del Código de Trabajo que se ajusten a la naturaleza de la convención colectiva (num. 6, subrogado por el art. 8 de la Ley 8 de 1981); y

7. Las demás estipulaciones que convengan las partes, siempre y cuando no interfieran con la facultad que tiene el empleador de determinar el número de trabajadores necesarios para el normal funcionamiento de la empresa, ni afecten los derechos de los trabajadores contemplados en los artículos 224 (la prima de antigüedad y 225 (la indemnización) del Código de Trabajo (num. 7, subrogado por el art. 8 de la Ley 8 de1981).

---

103. *Ibidem*, p. 532.

Este numeral 7 abre el abanico de posibilidades. Prevé las *cláusulas opcionales*, es decir, aquellas que no son parte del contenido *necesario* de la convención y se incorporan por la simple voluntad de ambas partes.

Así, estas tienen la potestad de pactar las cláusulas que crean pertinentes, si bien esa potestad, aun cuando no se diga expresamente, no podría rebasar o desconocer las normas legales de orden público absoluto.

Su texto sí es portador de dos limitaciones a la voluntad de las partes; por un lado, en una materia considerada privativa del empleador y, por otro lado, en dos materias que afectan el orden público. Limita el poder el poder del empleador de negociar y del sindicato de reclamar que se incluya en la convención la potestad de que ésta o de dicho sindicato fijen la cifra de trabajadores indispensables para el funcionamiento corriente de la empresa. A la par, impide el pacto de las partes que lesione los derechos de los trabajadores germinados de la prima de antigüedad o la indemnización.

No es válida entonces la privación o la reducción de estos derechos, ni tiene valor tampoco que, para adquirirlos, sean creados presupuestos distintos o sean agregados otros a los legales.

Otras disposiciones del C. de T. aluden a materias propias de la convención colectiva, aunque no imponen mandato expreso o tácito de negociación, a saber:

1. El artículo 35, numeral 2, en cuanto a la obligación de trabajar jornadas extraordinarias;

2. El artículo 56, en cuanto al fraccionamiento de las vacaciones en dos períodos iguales de quince días;

3. El artículo 84, en cuanto a la condición de trabajador de confianza de los trabajadores que ejercen funciones de dirección, fiscalización o representación a nivel no general en la empresa;

4. El artículo 151, numeral 2, en cuanto al pago del salario de los trabajadores mediante cheques;

5. El artículo 128, numeral 26, en cuanto al pacto de no realizar descuentos en el salario de los trabajadores por las ausencias causadas por graves calamidades domésticas, comisiones sindicales o asistencia al sepelio de compañeros de trabajo;

6. El artículo 197-A, adicionado por la Ley 44 de 1995, en cuanto a la movilidad laboral de naturaleza funcional u horizontal; y

7. El artículo 215, literal A, numeral 16, en cuanto a los sistemas de evaluación profesional y técnica para los fines de las causas justificadas de despido.[104]

VII. DURACIÓN

La convención colectiva de trabajo tiene una duración que no será

104. Cfr. HOYOS, Arturo. *Derecho del Trabajo y de la Seguridad Social*. Editora Jurídica Iberoamericana, S. A., Panamá, 2005, p. 448.

inferior a dos años ni mayor de cuatro años.

Esta convención empieza a regir desde la fecha en que se firme, salvo que se indique otra fecha y estará en vigor hasta que finalice el plazo fijado. Cuando venza este, continuará rigiendo hasta tanto se celebre otra que la reemplace, sin perjuicio del derecho de los trabajadores de pedir la negociación. Cualquiera de las partes puede solicitar la negociación de una nueva, por vencimiento de este plazo, desde los tres meses anteriores a la fecha en que ocurra ese acontecimiento. En caso de concurrencia de sindicatos, se aplicará lo dispuesto en el artículo 402 predicho.

No hay impedimento para que las partes, dentro del término de duración de la convención colectiva, siempre que medie el común acuerdo sobre los temas específicos que les interesen a ambas, revisen y modifiquen la convención por vía directa, en cualquier momento que se acuerde mutuamente y de conformidad con lo señalado en el artículo 400 del C. de T., respecto a la prueba de la personería jurídica para negociar (art. 416 del C. de T., subrogado por el art. 57 de la Ley 44 de 1995).

Lo que no permite la ley es la violación del "deber de paz" durante la eficacia del instrumento pactado con la presentación de pliego depeticiones cuyo fin sea introducir modificaciones o cláusulas nuevas. En este sentido, el artículo 15 de la Ley 8 de 30 de abril de 1981, dispone lo siguiente: "Durante el período de vigencia de las convenciones colectivas de trabajo no se admitirán pliegos de peticiones que tengan por objeto introducir modificaciones directas o indirectas, o cláusulas nuevas, a la convención colectiva. La Dirección Regional o General de Trabajo, queda facultada para rechazar de plano los pliegos inadmisibles conforme esta disposición".

VIII. EFECTOS

La celebración de la convención colectiva de trabajo genera *efectos* de naturaleza siguiente:

1. Obliga a las partes y a las personas en cuyo nombre se celebre o sea aplicable. Igualmente rige para los futuros afiliados de las respectivas organizaciones de empleadores y para los trabajadores que con posterioridad ingresen a las empresas comprendidas por ella, desde lafecha de la afiliación o del ingreso a la empresa, respectivamente.

2. Las cláusulas de la convención colectiva se aplicaban en las categorías de trabajadores que estuvieren empleados en la empresa o en las empresas comprendidas por dicha convención, a menos que ella previera expresamente lo contrario. De esta suerte, algunas categorías de trabajadores quedaban fuera de su alcance, como sería el caso de los trabajadores de confianza, lo cual contradecía el efecto *erga omnes* que pregona el artículo 404, del C. de T.

3. Sus cláusulas se aplican a todas las personas que trabajan, en las categorías comprendidas en la convención, en la empresa, el negocio o el establecimiento, aunque no sean miembros del sindicato (art. 405, subrogado por el art. 2 de la Ley 68 de 2010).

4. Los trabajadores no sindicalizados que se beneficien de la convención colectiva tienen la obligación, durante el plazo fijado por la convención colectiva, de pagar las cuotas ordinarias y extraordinarias acordadas por el sindicato, y el empleador está sujeto al deber de descontárselas de sus salarios y entregarlas al sindicato, en forma prevista por el artículo 373 del C. de T. (art. 405, del C. de T., subrogado por el art. 2 de la Ley 68 de 2010).

Sin perjuicio de lo anterior, los empleadores y los sindicatos podrán establecer en la convención colectiva todo lo relacionado con la aplicación del descuento de la cuota ordinaria y extraordinaria (art. 405, del C. de T., subrogado por el art. 2 de la Ley 68 de 2010).

La Ley 30 de 2010, ya derogada, establecía que los trabajadores afiliados a otro sindicato quedaban relevados de pagar la cuota sindical al sindicato que negoció la convención colectiva, pero sí podían pagarla al sindicato al cual estaban afiliados. Además, los trabajadores no sindicalizados que se beneficiaban de la convención colectiva podían pagar las cuotas ordinarias y extraordinarias acordadas por el sindicato durante la vigencia de la convención colectiva.

5. La desafiliación de las organizaciones contratantes ni su disolución afectan los acuerdos pactados.

6. En los casos de disolución de la organización sindical titular de la convención colectiva, los acuerdos pactados en ésta continuarán vigentes, salvo que, al surgir una nueva organización sindical o un grupo de trabajadores organizados, estos y la empresa acuerden celebrar una nueva convención colectiva (art. 413, C. de T., subrogado por el art. 55 de la Ley 44 de 1995).

7. El C. de T. recepta la regla de la condición más beneficiosa aplicable a los derechos de los trabajadores y a las condiciones de trabajo. Rafael Alburquerque explica que "La regla de la *condición más beneficiosa* permite considerar que una nueva norma laboral nunca debe servir para disminuir las condiciones más favorables en que pudiera hallarse un trabajador. De la aplicación de esta regla derivan las consecuencias siguientes:
Cuando surja una nueva norma de carácter general [...], las condiciones de trabajo vigentes quedan modificadas de pleno derecho, siempre que las nuevas beneficien a los trabajadores. La nueva norma debe respetar las condiciones de trabajo previamente establecidas si éstas son más favorables para los trabajadores".[105]

---

105. ALBURQUERQUE, Rafael. *"El principio protector en el proceso laboral"* (Ponencia), en XIII Congreso Iberoamericano de Derecho del Trabajo y la Seguridad Social. Tomo II, Panamá, 1998, pp. 96 y 97.

En nuestro Derecho, la condición más beneficiosa se advierte en el artículo 406, el cual indica que la convención colectiva no es susceptible de concertarse en condiciones menos favorables para los trabajadores, que las contenidas en la ley, las convenciones colectivas, los reglamentos internos, los contratos individuales o las prácticas vigentes en la empresa, el negocio o el establecimiento.

No obstante, según el artículo 54 de la Ley 44 de 12 de agosto de 1995, que adicionó esa norma, es válida la cláusula mediante la cual se pacte sustituir, a favor del trabajador, un beneficio por otro previsto en la convención colectiva.

Es evidente que, para esta ley, los *derechos* consagrados por la convención se denominan incorrectamente *beneficios*. Los derechos son conquistas de los trabajadores pactadas entre el empleador y el sindicato y, por lo tanto, exigibles; en cambio, los beneficios son mercedes, ayudas, favores, gracias, no exigibles; pues se derivan de la simple liberalidad del empleador.

Es menester indicar, entre paréntesis, que la regla se encuentra ínsita también en el artículo 464, del C. de T., a propósito del laudo arbitral, cuando ordena que este no afecte los derechos reconocidos por la constitución, la ley, las convenciones colectivas y los contratos de trabajo, ni fije condiciones de trabajo inferiores a las ya existentes.

8. Las disposiciones de los contratos individuales de trabajo contrarias o incompatibles con la convención colectiva son ineficaces y se sustituyen automáticamente por los preceptos de ésta, porque "Todas las disposiciones de la parte normativa tienen, sustancialmente, eficacia imperativa. Se trata de derecho objetivo imperativo que deroga en amplia medida la libertad contractual de las partes del contrato individual de trabajo".[106] No se consideran contrarias o incompatibles, las cláusulas de estos contratos individuales que sean más favorables para los trabajadores.

9. Las partes que han intervenido en la celebración de la convención colectiva pueden promover ante los tribunales o las autoridades de trabajo las peticiones, las denuncias, las acciones y las reclamaciones que deriven de ella, sin necesidad de poder previo de los interesados.

10. En la eventualidad de que haya sustitución del empleador, el nuevo empleador queda obligado en los mismos términos que el sustituido, salvo que las partes convengan en celebrar una nueva convención colectiva (art. 415, del C. de T., subrogado por el art. 56 de la Ley 44 de 1995).

11. El cierre de cualquier empresa, negocio o establecimiento no impide que la convención colectiva vigente mantenga sus efectos y continúe rigiendo en las demás empresas, negocios o establecimientos para los que fue acordada.

---

106. HUECK, Alfred y NIPPERDEY, H. C. *Compendio de Derecho del Trabajo*. Traducción de Miguel Rodríguez Piñero, Editorial Revista de Derecho Privado, Madrid, 1963, p. 351.

IX. VALIDEZ E INTERPRETACIÓN

Uno de los asuntos de conflicto que plantea la convención colectiva es la validez de alguna de sus cláusulas, considerando que el Código y las leyes laborales contemplan normas de orden público absoluto que no son objeto de la libre disposición de las partes. El acuerdo traducido en cláusula que conculque o vulnere cualquier precepto de esta naturaleza, aunque sea para favorecer a los trabajadores es nulo de nulidad absoluta.

Asimismo, el Código y las leyes laborales contienen normas de orden público que únicamente se pueden abandonar cuando sea para beneficiar a dichos trabajadores. El arreglo que deje a esas normas de un lado y perjudique a estos también es nulo de nulidad absoluta.

La validez está ligada además con la aplicación de las cláusulas, sobre todo cuando hay contradicción o se tienen dudas de que surtan efectos sobre algunos de los sujetos contratantes, sobre determinada empresa, determinado establecimiento o determinado negocio, o si abarcan a ciertos trabajadores.

Otro de los asuntos conflictivos es el de la interpretación "en la medida en que, en muchos casos, se hace preciso dar una redacción deliberadamente confusa a las cláusulas del convenio para facilitar el acuerdo entre las partes negociadoras".[107] Estos puntos oscuros, fuente de muchas controversias, hacen indispensable que se active el proceso de desentrañar su sentido y su alcance.

La discusión relativa a la aplicación o la interpretación de normas contenidas en la convención colectiva de trabajo, cuando no se resuelve a tiempo, eventualmente da lugar a la generación de graves conflictos colectivos jurídicos o de derecho.

En el primer problema debe acudirse al artículo 2 del C. de T. que les confiere a las disposiciones de este Código la categoría de orden público y obligan a todas las personas, naturales o jurídicas, las empresas, las explotaciones y los establecimientos que se encuentren o se establezcan en el territorio nacional.

En el segundo, a su artículo 8 que sanciona con la nulidad las estipulaciones, los actos o las declaraciones, aunque se expresen en convenio de trabajo o en otro pacto cualquiera, que impliquen disminución, adulteración, dejación o renuncia de los derechos reconocidos a favor de los trabajadores.

En el tercero, a su artículo 6 con su regla en el sentido de que en caso de conflicto o duda sobre la aplicación de normas convencionales prevalecerá la disposición más favorable al trabajador.

En el cuarto, igualmente a su artículo 6, con su regla *in dubio pro operario*, el cual en caso de conflicto o duda sobre la interpretación de

107. RAMÍREZ MARTÍNEZ, Juan M.; GARCÍA ORTEGA, Jesús y SALA FRANCO, Tomás. *Curso de Derecho del Trabajo*. 6.ª edición, Tirant lo Blanch, Valencia, 1997, p. 205.

normas convencionales prevalecerá la interpretación más favorable al trabajador.

La competencia privativa para declarar la validez o interpretar en abstracto las cláusulas de la convención recae en el Ministerio de Trabajo y Desarrollo Laboral, previa la demanda correspondiente. La primera instancia se tramita en la Dirección General o la Dirección Regional de Trabajo y la alzada ante el ministro (Ley 53 de 28 de agosto de 1975).

Cuando se trata de determinar la aplicación de una cláusula o interpretarla en virtud del caso concreto sometido a pleito, la competencia está atribuida al despacho jurisdiccional que lo atiende (Juntas de Conciliación y Decisión, Juzgados Seccionales de Trabajo, etc.).

En este sentido, Rolando Murgas Torrazza explica que "El Ministerio es competente para decidir *en abstracto* la interpretación de la cláusula convencional, o sea, no puede entrar a resolver situaciones concretas de reclamaciones individuales o colectivas fundamentadas en la cláusula cuya interpretación se demanda. Para estos últimos son competentes los tribunales de trabajo". "En los tribunales de trabajo, incluyendo las Juntas de Conciliación y Decisión, se pueden interpretar las cláusulas de una convención colectiva referidas *a su aplicación en uno o más casos concretos*, sin que para ello sea necesario esperar a que se decida en el Ministerio la adecuada interpretación. Del mismo modo, para un caso concreto puede considerase nula una cláusula. La decisión en estos casos sólo surte efectos *inter partes*, mientras que la decisión del Ministerio, una vez producida, vincula la interpretación que para casos concretos hagan los tribunales, que deben acogerse entonces a la interpretación general y abstracta hecha por el Ministerio".[108]

X. TERMINACIÓN

Las *causas de terminación* de las convenciones colectivas son tres:

1. El mutuo consentimiento

Está prescrito en la ley que, al disolverse la organización sindical titular de la convención colectiva, los acuerdos pactados siguen rigiendo con la nueva organización sindical o un grupo de trabajadores organizados.

No obstante, a estos sucesores de la organización disuelta y a la empresa les está permitida la utilización de la vía del mutuo acuerdo en aras de pactar una nueva convención colectiva y, por ende, dar por terminada la anterior.

Situación análoga se produce si hay sustitución patronal, pues el nuevo empleador mantiene sus obligaciones convencionales en las mismas condiciones que el empleador sustituido, a menos que las partes

---

108. MURGAS TORRAZZA, Rolando. *"Anotaciones sobre la convención colectiva de trabajo",* en AA. VV. Derecho Laboral. Estudios laborales. Academia Iberoamericana de Derecho del Trabajo y de la Seguridad Social, Ediciones Librería El Profesional, Bogotá, 1990, pp. 96 y 97.

convengan en celebrar otra convención colectiva.

2. El vencimiento del término o del plazo

La convención podrá pactarse para que finalice en una fecha claramente determinada o en el plazo estatuido, tomando como referencia el hecho de que en ninguna circunstancia es válido un pacto menor de dos años ni mayor de cuatro. Al llegar la fecha estipulada o al fenecer el plazo, concluye el instrumento jurídico, siempre que se haya celebrado otra que la sustituya, pues en caso contrario, persistirá en todos sus efectos.

3. El cierre de la empresa

El cierre de la empresa, el negocio o el establecimiento suscita el cese de los efectos de la convención colectiva que guardan relación con ellos. Es decir, termina el compromiso de las partes. Si comprendiera empresas, negocios o establecimientos distintos a los cerrados, es obvio que para estos sigue rigiendo tal como fue acordada.

El cierre legal se surte mediante el procedimiento establecido por los artículos 231, literal C, 215 y 216 del C. de T., y por su virtud, debeel empleador solicitar ante el Ministerio de Trabajo y Desarrollo Laboralla autorización para despedir a todos los trabajadores al existir causa justificada de naturaleza económica, sea por quiebra, sea por las otras causas.

GUÍA DE ESTUDIO

1. Defina la convención colectiva de trabajo.
2. ¿Cuáles son los sujetos que pueden negociar una convención colectiva?
3. ¿Cuáles son las características de la convención colectiva de trabajo?
4. ¿Cuál es el contenido de la convención colectiva de trabajo?
5. ¿Cuánto tiempo dura la convención colectiva de trabajo?
6. ¿Cuáles son los efectos de la convención colectiva de trabajo?
7. ¿Cuál es la validez y cómo se interpreta la convención colectiva de trabajo?
8. ¿Cuáles son las causas de terminación de la convención colectiva de trabajo?

Lección VIII
LOS CONFLICTOS COLECTIVOS DE TRABAJO Y LOS MEDIOS DE SOLUCIÓN

I. CONFLICTOS COLECTIVOS

Los conflictos de trabajo son definidos como "las diferencias que pueden suscitarse entre trabajadores y patrones, sólo entre aquéllos o sólo entre éstos, como consecuencia o con motivo del nacimiento, modificación o cumplimiento de las relaciones individuales o colectivas de trabajo".[109]

Los conflictos de trabajo, con respecto a los sujetos que intervienen, José Dávalos Morales los clasifica así: "entre trabajadores y patrones, entre trabajadores, y entre patrones". "Los conflictos entre trabajadores y patrones son las controversias típicas, ya que en ellas se colocan frente a frente los factores del proceso productivo, trabajo y capital; atendiendo a esta situación se entenderá fácilmente que se trata de las divergencias laborales más numerosas e importantes. Ejemplos: las controversias nacidas de un despido injustificado, del incumplimiento del contrato colectivo, etcétera".

"Los conflictos entre trabajadores, son contrarios a la idea de unión fraterna de los que viven del alquiler de su trabajo, unidad que es el origen de su fuerza como clase social. Estos conflictos pueden ser de tres tipos: a) Entre trabajadores de una misma empresa; se presentan en torno a cuestiones de preferencia, antigüedad y ascensos. b) Entre sindicatos; son conflictos de naturaleza colectiva, que giran en relación a la titularidad de derechos y acciones sindicales. c) Entre trabajadores y sindicatos; se refiere a controversias entre un sindicato y sus agremiados por motivos originados en la indebida aplicación de las cláusulas de ingreso o separación, o de los estatutos". "Los conflictos entre patrones no constituyen una auténtica posibilidad en la sociedad en la que vivimos, como no la tiene el sindicalismo patronal".[110]

Por el tipo de interés que se afecta, los clasifica en individuales o colectivos. "Son individuales los conflictos que afectan el interés particular de uno o varios trabajadores. Ejemplos: la aplicación de un descuento indebido a un trabajador; el despido de cinco empleados a quienes se sorprendió sustrayendo herramienta de la fábrica". "Son colectivos los conflictos que afectan el interés sindical, gremial, de los trabajadores.

Ejemplos: la negativa patronal a celebrar un contrato de trabajo; el cierre arbitrario de una empresa o negociación por parte del patrón".[111]

---

109. SANTOS AZUELA, Héctor, "Conflictos de trabajo", en *Diccionario Jurídico Mexicano,* 4.ª edición, Porrúa-UNAM, 1991, México, p. 619, citado por DÁVALOS MORALES, José. "Conflictos de trabajo", *en Instituciones de Derecho del Trabajo y de la Seguridad Social.* Coordinadores: Néstor De Buen Lozano y Emilio Morgado Venezuela. Academia Iberoamericana de Derecho del Trabajo y de la Seguridad Social. Universidad Nacional Autónoma de México, México, 1997, p. 216.
110. DÁVALOS MORALES. *Ibidem*, p. 217.
111. *Ibidem*, pp. 218 y 219.

Con respecto a su naturaleza o contenido de los conflictos, se pueden ser "de orden jurídico o de orden económico. Los conflictos jurídicos surgen por la aplicación o interpretación de las normas de trabajo, legales o contractuales. Ejemplos: inconformidad con el pago de tiempo extraordinario; negativa a entregar los uniformes pactados enel contrato". "Los conflictos económicos se refieren al establecimiento o a la modificación de las condiciones laborales, o bien, a la suspensión o terminación de las relaciones colectivas de trabajo. Ejemplos: la nivelación salarial de un trabajador en relación con sus compañeros que desempeñan trabajos similares, la reducción de personal con motivo de la implantación de maquinaria nueva. Se dice, acertadamente, que los conflictos de trabajo jurídicos no están desprovistos de una connotación económica, y viceversa. Por tanto, es más propio hablar de conflictos laborales preponderantemente jurídicos o conflictos laborales preponderantemente económicos".[112]

Mariano Recalde se refiere a los diferentes tipos de conflictos laborales, a saber: 1. *Conflictos individuales*, que "tiene al trabajador individualmente considerado o un grupo de dependientes individualmente considerados (pluriindividual), en contraposición a los intereses de un empleador". 2. *Conflictos colectivos*, que se proyectan "sobre intereses de una categoría profesional abstracta". 3. *Conflictos de derecho*, "cuando las partes discuten el cumplimiento, alcance o interpretación de una norma, principio o criterio jurídico preexistente". 4. *Conflictos de interés*, que "se identifican con la pretensión de las partes de modificar un ordenamiento preexistente, de reivindicar o crear una nueva fuente de derecho". 5. *Conflictos intersindicales*, que enfrentan "a dos o más asociaciones. Los más habituales son los conflictos por disputa de personería gremial o las cuestiones de encuadramiento sindical". Es de ordinario el conflicto entre sindicatos por la mayoría de los trabajadores de la empresa. 6. *Conflictos intrasindicales*, "que son aquellos que se generan en el seno de una misma organización y pueden darse, por ejemplo, entre grupos que se encuentran en pugna dentro de la misma organización, o por un afiliado o grupos de afiliados que han sido suspendidos o separados de la asociación sindical o de su órgano directivo, etc."[113]

Lupo Hernández Rueda clasifica "los conflictos de trabajo en dos grandes grupos. A saber:

A) Conflictos individuales; y

B) Conflictos colectivos".[114]

---

112. *Ibidem*, p. 218.

113. RECALDE, Mariano. *Manual de Derecho Colectivo del Trabajo*. 1.ª edición, EDUNPAZ, Editorial Universitaria, Universidad Nacional de José C. Paz, Buenos Aires, 2017, pp. 561-565.

114. HERNÁNDEZ RUEDA, Lupo. *Conflictos de trabajo y medios de solución*. Santo Domingo, República Dominicana, 1981, p. 19.

"Esta es la clasificación más antigua de los conflictos de trabajo. Los conflictos *individuales* envuelven intereses concretos y particulares delos litigantes. Los *colectivos* se forman en torno a intereses generales y abstractos, de categoría, o como afirma Deveali, 'intereses de la profesión o de la actividad'".[115]

"Esta vieja clasificación sólo admite otra clasificación paralela, la de los conflictos de trabajo en: 1) *jurídicos o de derecho*; y 2) *económicos o de intereses*".[116]

"Un conflicto de trabajo es jurídico o de derecho, cuando tiene por causa el incumplimiento o violación de una norma legal u obligación contractual, independientemente de que se trate de una acción individual de un trabajador, o la demanda de un grupo de trabajadores, o de la acción de un sindicato de trabajadores tendiente a la interpretación o aplicación de la ley, el contrato individual de uno de sus afiliados, o de una cláusula prevista en el convenio colectivo de condiciones de trabajo. En todas estas situaciones, lo característico es que se trate de un conflicto exclusivamente jurídico, que la disputa se concrete en un asunto de derecho".[117]

"El conflicto es económico o de intereses, cuando persigue o tiene por objeto la creación de nuevas condiciones de trabajo, o la modificación de las existentes. El conflicto económico es una contienda que tiende a la creación de un nuevo status jurídico".[118]

El conflicto colectivo de trabajo -en palabras de Juan García Abellán- es el que "se formaliza la situación conflictiva, mediante una relación de litigio establecida entre una colectividad homogénea de trabajadores, y una empresa o grupo de empresas, que tiene como materia u objeto propio la confrontación de derechos o intereses comunes a la categoría profesional". [119]

Nuestro régimen jurídico acepta que en la vida laboral cotidiana existan conflictos colectivos y los institucionaliza. A partir de esa aceptación, el artículo 417 del Código de Trabajo, ubicado en el Título III (Conflictos Colectivos) del Libro III (Relaciones Colectivas) los clasifica, conforme a la doctrina, en dos clases: 1. *Jurídicos* o *de derecho*; y 2. *Económicos* o *de intereses*.

Los *conflictos colectivos jurídicos* o *de derecho* son los que tienen por objeto la aplicación o la interpretación de una norma contenida en la ley, el decreto, el reglamento interno de trabajo, la convención colectiva de trabajo, el contrato individual de trabajo o la costumbre y que interesan a un grupo o colectividad de trabajadores (art. 418 del C. de T.).

---

115. *Idem.*
116. *Idem.*
117. HERNÁNDEZ RUEDA, Lupo. *Derecho Procesal del Trabajo.* 3.ª edición corregida, Editora Dais, Moca, Santo Domingo, República Dominicana, 1997, p. 37.
118. *Idem.*
119. GARCÍA ABELLÁN, Juan. *Derecho de conflictos colectivos de trabajo.* Instituto de Estudios Políticos, Madrid, 1969, pp. 23 y 24.

Veamos los elementos envueltos en estas disputas laborales:

1. El tema central que reclaman los trabajadores es la falta de aplicación, la aplicación indebida o la interpretación errónea con la pretensión de que se aplique, se aplique correctamente o se interprete adecuadamente.

2. La disposición infringida por el empleador, el grupo de empleadores o el sindicato de empleadores puede tener rango legal (ley, decreto ley o decreto de gabinete) reglamentario (decreto ejecutivo o reglamente interno), convencional, contractual o consuetudinario.

Sobre este particular, Rolando Murgas Torrazza estima un mayor alcance para la norma vulnerada del que brinda el texto expreso, pues "Aunque no lo dice expresamente el art. 417, una interpretación integrativa nos lleva a considerar que también pueden dar lugar a estos conflictos pactos colectivos que no tengan el carácter de convención colectiva,ya sean negociados por sindicatos o grupos de trabajadores, así como actos unilaterales del empleador, en la medida en que sean fuente de obligaciones..."[120]

3. La debida aplicación o la debida interpretación interesa a un grupo o colectividad de trabajadores, organizada en sindicato, federación, confederación o central o no.

Los *conflictos colectivos económicos* o *de intereses* son aquellos que tienen por objeto la celebración de una convención colectiva de trabajo, y los que de cualquier otra manera expresan intereses colectivos de naturaleza económico-social o reivindicativa (art. 419 del C. de T.).

En estos conflictos el interés de los trabajadores es la negociación y la firma de la convención colectiva de trabajo o el reclamo de aspiraciones concretas de carácter económicas o sociales, así como de materias relacionadas con las reivindicaciones obreras.

II. MEDIOS DE SOLUCIÓN

Por regla general, la *solución de los conflictos jurídicos* o *de derecho* es jurisdiccional, porque las partes deben sujetarse a las normas previstas en el Libro IV (Normas Procesales) del C. de T., es decir, deben someterlos a los procesos laborales en los estrados de los tribunales de trabajo o en la Dirección General o Regional de Trabajo del Ministerio de Trabajo y Desarrollo Laboral (Ley 53 de 28 de agosto de 1975), sin perjuicio de que si tales conflictos admiten el ejercicio del derecho de huelga, sea posible acudir también a los procedimientos de conciliación que proceden en los conflictos colectivos económicos.

---

120. MURGAS TORRAZZA, Rolando. *"La solución de los conflictos laborales en la legislación laboral panameña"*, en AA.VV. La solución de los conflictos laborales. Secretaría del Trabajo y Previsión Social, México, 1985, p. 111.

Antes de someter un conflicto colectivo jurídico a la actividad jurisdiccional de los tribunales de trabajo o del Ministerio de Trabajo y Desarrollo Laboral, cualquiera de las partes puede solicitar la intervención de un funcionario conciliador de este Ministerio con el fin de intentar solucionarlo a través de la mediación. La solicitud de mediación no está sujeta a formalidad alguna, pero cuando el conflicto sea de los que permiten el ejercicio del derecho de huelga, las partes pueden plantearlo también por medio de un pliego de peticiones.

Los *medios de solución de los conflictos colectivos económicos* o *de intereses* son el trato o arreglo directo, la conciliación y el arbitraje.

A. TRATO Y ARREGLO DIRECTO

"El trato y arreglo directo -apunta Murgas Torrazza- vienen a ser una suerte de conciliación privada, independientemente de que surjan o no como consecuencia de procedimientos previamente establecidos por las partes".[121]

El arreglo directo, como se denominada en Colombia -indica Alberto López Fajardo- "consiste en el estudio, análisis y evaluación de los principales aspectos y alcances de su contenido, que hacen las partes en procura de llegar *directamente* a un acuerdo y arreglar en forma satisfactoria las peticiones a que se contrae dicho pliego" (de peticiones).[122]

Los conflictos colectivos económicos o de intereses son solucionables usando esta simple fórmula del trato y arreglo directo entre trabajadores y empleadores. Así, las organizaciones sociales de trabajadores pueden presentar directamente al empleador o a los empleadores las peticiones y las quejas que estimen convenientes, antes de iniciar el procedimiento de conciliación. En ausencia de estas organizaciones, los trabajadores pueden presentar las quejas y las peticiones por medio de los comités de empresa o los delegados especialmente designados para tal efecto.

Del arreglo a que lleguen las partes, en virtud del trato o arreglo directo, se ha de levantar un acta que, en copia auténtica, se remitirá a la Inspección General de Trabajo del Ministerio de Trabajo y Desarrollo Laboral, dentro de los tres días siguientes, directamente o por medio de la autoridad política o de trabajo local.

Si las partes, por motivo de las conversaciones y las negociaciones, celebran una convención colectiva, deben sujetarse a lo que se dispone en el Título II (Convenciones Colectivas de Trabajo) del Libro III (Relaciones Colectivas), del C. de T.

De ahí, entonces que el trato o arreglo directo termina cuando las partes llegan a un acuerdo total o parcial con respecto a las peticiones o las

---

121. *Ibidem*, p. 122.
122. LÓPEZ FAJARDO, Alberto. *Elementos de Derecho del Trabajo.* 2.ª edición actualizada, Librería Ediciones del Profesional, Ltda., Bogotá. D. C., 2004, p. 520.

quejas, por falta de acuerdo sobre estas peticiones o quejas o la firma de la convención colectiva de trabajo.
Para iniciar el procedimiento de conciliación no se requiere como precondición que las partes recurran primero al trato directo.

B. CONCILIACIÓN

Juan García Abellán aclara que "por la conciliación se pretende acercar a los sujetos del conflicto, creando entre ellos las condiciones adecuadas para obtener por sus propios y recíprocos convencimientos, la solución transaccional".[123]

A la vez G. H. Camerlynck y G. Lyon-Caen enseñan que "El procedimiento de conciliación tiende a la aproximación de los puntos de vista antagónicos, hasta la aceptación de una solución de tipo transaccional, es decir, contractual. Comparable a la negociación diplomática, la conciliación no debe suscitar la idea de un juicio. Si se realiza con éxito, finaliza con la redacción de un acta de conciliación que registra el acuerdo efectuado. En caso contrario, se levanta un acta de no-conciliación".[124]

Si nos ajustamos a esta concepción, delimitante del rol que debe desempeñarse, el conciliador es un ente pasivo; pues solamente tiene la tarea de aproximar a las partes envueltas en el conflicto, de crear el ambiente apropiado, de ser un amigable moderador, con el propósito de que ellas lleguen por sí solas, por sus íntimas y mutuas convicciones, a lograr el arreglo.

Mientras tanto la mediación "constituye un procedimiento de composición de conflictos colectivos que participa, en cierto modo, de elementos propios de la conciliación y del arbitraje, pues la integra un tercero que, con facultades de encuesta e investigación, y obrando a instancias de quienes son parte en el conflicto o por decisión del Poder público, produce una *recomendación* como fórmula de solución de diferencias, sin otro alcance que el meramente indicativo, y con el fin de que su contenido constituya la base de negociación que han de acometer las partes".[125]

Desde esta perspectiva, el mediador es un ente activo; pues su función no solo se limita a congregar a las partes, sino que por indicación de estas o del Estado recoge información, investiga, examina las propuestas, a partir de ellas elabora una propia y la somete a consideración de los negociadores con miras a que sirva de plataforma en el proceso de negociación y se obtenga una solución satisfactoria.

En nuestro Derecho Laboral una norma (art. 421), a propósito de los conflictos jurídicos o de derecho, se refiere a su solución por vía de la

---

123. GARCÍA ABELLÁN. *Op. cit.*, p. 187.
124. CAMERLYNCK, G. H. y LYON-CAEN, G. *Derecho del Trabajo.* Traducción de Juan M. Ramírez Martínez, Biblioteca Jurídica Aguilar, Madrid, 1974, p. 510.
125. *Ibidem*, p. 205.

mediación; sin embargo, al mismo tiempo, indica que el servidor público es un funcionario conciliador del Ministerio de Trabajo y Desarrollo Laboral. No obstante, la mayoría de las reglas legales dirigidas a los conflictos colectivos ponen de presente la institución de la conciliación, pero amoldando al conciliador a las facultades del mediador. El *conciliador panameño* ha de juntar, congeniar, avenir a los trabajadores y los empleadores, de hacerles recomendaciones, de enunciarles propuestas, en fin, de cumplir con todas las responsabilidades atribuidas al mediador hasta alcanzar el fin del conflicto.[126] Es que en la conciliación contemporánea -bien lo anuncian Máximo Daniel Monzón y Juan Manuel Salas-, "La administración laboral no se limita a impulsar el acuerdo, sino que asume la dirección de las gestiones; propone fórmulas de arreglo e intenta persuadir a las partes sobre su equidad y eficacia. En este sentido, la actividad de conciliación en la administración laboral es singularmente compleja, porque comprende la promoción del acuerdo, la adopción de medidas que suministren conocimiento adecuado de la materia del litigio y la dirección de las gestiones para inducir a las partes a una solución concertada".[127]

El pliego de peticiones inicia la conciliación, cuyo procedimiento sencillo, ágil y rápido regula el C. de T.

1. El pliego de peticiones

El sindicato de trabajadores o el grupo de trabajadores que plantee un conflicto colectivo de los previstos en el Capítulo I (Clasificación de los Conflictos Colectivos), del Título III (Conflictos Colectivo), del Libro III (Relaciones Colectivas), del C. de T., necesita para iniciar el procedimiento de conciliación, presentar un *pliego de peticiones* a la Dirección General de Trabajo o a Dirección Regional respectiva.

El pliego de peticiones se presenta por triplicado y deberá contener lo siguiente:

a) Nombre del sindicato o de los sindicatos que suscriben el pliego, con indicación de sus oficinas o sus locales que designen para recibir notificaciones, el nombre, la cédula de identidad personal y el domicilio de su presidente o secretario general;

b) El nombre y la dirección comercial del empleador, de los empleadores o de las organizaciones contra quienes se dirige el pliego;

c) El nombre, el número de cédula y el domicilio de los delegados

---

126. Rolando MURGAS TORRAZZA afirma que *"en la legislación panameña y en la práctica de la administración del trabajo no se hace rigurosa diferenciación entre 'mediadores' y 'conciliadores'.* La mediación está reservada para los conflictos colectivos, en tanto la conciliación, en nuestro sistema, tiene variantes de aplicación a conflictos individuales y colectivos" (*Op. cit.*, p. 124).

127. MONZÓN, Máximo Daniel y SALAS, Juan Manuel. *"La solución arbitral de los conflictos de derecho e intereses en el Derecho positivo y la experiencia argentina"*, en GARRO, Alejandro M. (Editor). Arbitraje comercial y laboral en Centroamérica. Transnacional Juris Publications Inc., Ardseley-Hudson, New York, 1990, p. 313.

designados para la conciliación, que serán no menos de dos, ni más de cinco y, si lo estiman conveniente, de un asesor sindical y un asesor legal; los delegados deben designarse con poderes suficientes para negociar y suscribir cualquier arreglo o, si fuere el caso, una convención colectiva;

d) Las quejas y las peticiones concretas; si se pide la celebración de una convención colectiva, el pliego debe contener el proyecto correspondiente;

e) El número de trabajadores que prestan servicios para cada empleador en las empresas, los negocios o los establecimientos que se vean afectados por el conflicto, con indicación de aquellos que deben contarse para determinar la legalidad de huelga, si la hubiere; y

f) El número de trabajadores que apoya el conflicto en cada empresa o, si fuera el caso, en el establecimiento o los establecimientos de que se trate.

Pueden incluirse, además, peticiones distintas de las que admite el procedimiento de conciliación.

El pliego de peticiones debe acompañarse con los requisitos siguientes:

a) La copia autentica de la resolución que al efecto haya aprobado la Asamblea General de la organización de trabajadores de que se trate;

b) El nombre y la firma de todos los trabajadores que apoyan el pliego;

c) Si el pliego lo presenta un grupo de trabajadores, debe acompañarse copia del acuerdo respectivo, firmada por todos los que apoyan el pliego; y

d) La certificación del Ministerio de Trabajo y Desarrollo Laboral en la cual conste la inscripción de sindicato.

Hay firmas del pliego que son necesarias y otras, facultativas. Así, debe firmarse obligatoriamente por todos los delegados; los asesores sindicales y legales podrán también hacerlo.

Cuando el pliego sea presentado por un grupo no organizado de trabajadores de una empresa, se requiere para darle curso el treinta por ciento de los trabajadores que laboren en la empresa, el establecimiento o el negocio afectado por el conflicto.

Cuando en una misma empresa se presenten dos o más pliegos de peticiones a la vez, se acumularán en uno solo y los trabajadores dela empresa o las empresas, los establecimientos o los centros de trabajo afectados por el conflicto designarán una sola representación; de nohacerlo en el término de dos días le corresponderá negociar al sindicato más representativo o al grupo mayoritario de trabajadores, si fuere el caso.Si los pliegos se refieren a convenciones colectivas, se aplicarán las reglasde concurrencia establecidas en el artículo 402 del C. de T.

2. El procedimiento de conciliación

El *procedimiento de conciliación* se inicia con la presentación el pliego de peticiones.

El funcionario ante quien se presente debe certificar en todos los ejemplares del pliego el día y la hora exacta en que fue presentado, uno de los cuales se devuelve a los interesados.

El pliego de peticiones no podrá rechazarse. Cuando el director general o el director regional de Trabajo encuentre defectos debe advertirlos al momento de recibirlo con el objeto de que los trabajadores lo subsanen en el acto.

De todo ello se levantará un acta, cuya copia autenticada de la cual se entrega a los interesados. Si estos declaran que desean retirarlo para subsanar sus defectos y presentarlo con posterioridad, se dejará constancia de esta circunstancia en el momento en que se presente el pliego en debida forma.

El funcionario que no acate lo antes dispuesto o que maliciosamente advierta defectos en el pliego no previstos en el Código de Trabajo, se hace acreedor a una multa de cien a quinientos balboas, que será impuesta por el Ministerio de Trabajo y Desarrollo Laboral, de oficio o a solicitud de parte, o por los tribunales de trabajo previa denuncia de los interesados.

Dentro de los dos días siguientes a la fecha en que se recibe del pliego, la Dirección General o la Dirección Regional de Trabajo debe notificar al empleador o empleadores de la existencia del conflicto. La notificación se hace mediante entrega personal, al empleador o a cualquier otra persona que ejerza funciones de dirección o representación y que se encuentre en las oficinas de dicho empleador, de un ejemplar del pliego por el funcionario de trabajo, o los interesados, o mediante publicación de un certificado donde conste el hecho de la presentación. Esta publicación se hace por dos días en dos periódicos de circulación nacional (art. 435).

Las autoridades de trabajo, cuando hubiere varios empleadores en conflicto, están obligadas a proporcionar copias del pliego a cada uno de ellos (art. 435).

Desde que reciba la susodicha notificación, el empleador dispone de un plazo de cinco días para contestar el pliego de peticiones. En su contestación debe dar respuesta a cada una de las peticiones de los trabajadores, especificando cuáles acepta y cuáles rechaza, indicando las razones por las cuales se opone a las que rechaza (art. 436).

Debe también expresar el empleador las contraofertas que considere razonable para solucionar el conflicto, y proporcionar todos los datos y las informaciones relativos al negocio y a los trabajadores, que a su juicio sean de utilidad para la conciliación (art. 436).

Una vez notificado el empleador, la Dirección General o Regional de Trabajo designa un conciliador entre el personal especializado del Ministerio de Trabajo y Desarrollo Laboral.

Las partes tienen la obligación de comparecer a todas las reuniones a que sean citadas por el funcionario conciliador. Las inasistencias se sancionan como desacato. La renuencia de cualquiera de ellas a comparecer a las citaciones, se considera, para todos los efectos legales, como abandono de la conciliación.

Las reuniones son simples y sin formalidades. El conciliador, al reunir a las partes en el conflicto, debe intentar un amigable avenimiento sobre las siguientes bases:

a) El procedimiento de conciliación debe caracterizarse por la flexibilidad, la ausencia de formalismos y debe ser simple en su desarrollo.

b) Deben eliminarse las exposiciones formales: Las declaraciones de testigos y la presentación de otras pruebas sólo se admite cuando el conciliador las estime convenientes para el mejor desarrollo de la conciliación.

c) El funcionario debe limitarse a actuar como intermediario entre las partes a presidir y dirigir los debates con motivo de las reuniones conjuntas, desempeñando un papel activo en la aclaración de los hechos.

d) El conciliador debe examinar y explorar los posibles medios para llegar a un entendimiento, y presentar propuestas oportunas, con vista a una solución del conflicto.

Se realizarán tantas reuniones (audiencias, las llama el artículo 442 del C. de T.) de conciliación como sean necesarias, aun en horas y días inhábiles.

El conciliador debe basarse únicamente en la aplicación de técnicas y condiciones personales apropiadas. Esta función han de ejercerla funcionarios del Departamento de Relaciones de Trabajo, preparados para ese tipo de tareas y que posean una habilidad especial en Derecho Laboral, relaciones humanas y psicología individual y colectiva. Estos funcionarios serán nombrados con base en criterios de idoneidad, preferiblemente mediante concursos, cuyas bases reglamentará el Ministerio de Trabajo y Desarrollo Laboral. Una vez expirado el período de prueba de un año, gozarán de estabilidad en su cargo. Es permitido, en casos especiales que se designe para actuar como conciliador a otro funcionario del ramo o que la conciliación sea dirigida personalmente por alguna autoridad de dicho Ministerio.

No dan lugar a la nulidad del procedimiento de conciliación la mora o la omisión en practicar una diligencia prevista en el Código, la prolongación del procedimiento de conciliación por un tiempo mayor al indicado por este, o la terminación de la conciliación por vencimiento del término legal o de prórroga, sin haberse completado todas las diligencias correspondientes o su realización defectuosa. Vencido el término correspondiente, las partes pueden abandonar la conciliación sin necesidad de orden, autorización ni declaración previa. Lo dispuesto anteriormente es sin perjuicio de las sanciones que corresponda imponer al funcionario por su mora, su omisión o su negligencia.

3. El desenlace de la conciliación

La conciliación termina, conforme al artículo 443, del Código de Trabajo, modificado por el artículo 7 de la Ley 2 de 13 de enero 1993, en las situaciones siguientes:

a) Transcurridos quince días hábiles contados desde que se notificó el pliego de peticiones, de conformidad con lo dispuesto en el artículo 435 del C. de T., salvo que ambas partes con la anuencia del conciliador decidan prorrogarla hasta dos veces, cada una de ellas por un período no mayor de diez días hábiles (num. 1);

b) Cuando el empleador no conteste el pliego de peticiones en el plazo de cinco días que señala el artículo 436 del C. de T., o cuando se retire de la conciliación o que se muestre renuente a comparecer a las citaciones (num. 2);

c) Cuando antes de transcurrido el plazo de que trata el numeral 1, del artículo 443 del C. de T, o su prórroga, ambas partes, con la anuencia del conciliador, manifiesten su intención de dar por terminada la conciliación (num. 3); y

d) Cuando las partes lleguen a un arreglo o convengan en ir al arbitraje (num. 4).

Cuando no se hubiere llegado a un arreglo, el conciliador debe presentar un informe con la exposición de los hechos a la Dirección General o la Dirección Regional de Trabajo respectiva, haciendo constar en qué medida se ha podido llegar a un acuerdo y cuáles son, a su juicio, las cuestiones que permanecen en conflicto. Con vista en el informe, la Dirección notificará a las partes las fórmulas que estime convenientes para llegar a una solución del conflicto.

El plazo de que disponen a los trabajadores para ir a la huelga, que es un medio de autodefensa o acción directa, empezará a correr después de que venzan los quince días o las prórrogas de hasta diez días, previstos en el numeral 1 del artículo 443, modificado por el artículo 7 de la Ley 2 de 13 de enero 1993, o desde el día siguiente de aquel en que la conciliación terminó porque el empleador se retiró de la conciliación o no compareció a las citaciones, o que ambas partes, con la anuencia del conciliador, manifestaron su intención de dar por terminada dicha conciliación, según lo dispuesto en los numerales 2 y 3, del mismo artículo.

4. El fuero de negociación

El artículo 441, subrogado por el artículo 59 de la Ley 44 de 12 de agosto de 1995, instituye un fuero de negociación, que se extiende a la huelga (fuero de huelga) y al arbitraje (fuero de arbitraje). Según este artículo, mientras se desarrolle de la conciliación, el empleador está obligado a mantener los contratos de trabajo existentes al momento en que se plantee el conflicto, sin perjuicio de los contratos que terminen por vencimiento del plazo o de la conclusión de la obra. Por lo tanto, desde que se presente el pliego de peticiones en debida forma, y hasta el vencimiento del plazo para declarar la huelga, durante esta o durante el arbitraje, toda terminación o suspensión de los efectos de los contratos, debe ser autorizada previamente por el respectivo Juez de Trabajo, con arreglo al procedimiento previsto para el desafuero sindical. Se presume que todo despido que se pretende efectuar a un trabajador que apoye el pliego, se hace en represalia, sin perjuicio del derecho del empleador a probar lo contrario. Igual criterio se aplicará para las solicitudes de suspensión de contratos de trabajo. Estas previsiones también regirán para las negociaciones de las convenciones colectivas por la vía directa.

C. ARBITRAJE

Juan García Abellán sostiene que "El arbitraje puede ser definido como la intervención en los conflictos de trabajo, de un tercero con poderes decisorios, instituido bien por las partes en pugna, bien por el Estado, y dirime el litigio pronunciando una decisión normativa y vinculante para los afectados por el conflicto".[128]

Por su lado, Ricaurte Soler Mendizábal asevera que "El arbitraje es el método de Resolución de Conflictos en el cual se somete la decisión de la controversia a un Tribunal Arbitral para que decida en equidad o en derecho su solución". En el arbitraje fundado en la equidad operan la conciencia, el saber y el entender de los arbitradores. En el arbitraje fundado en derecho los árbitros deben ceñirse rigurosamente a las normas jurídicas.[129]

El *arbitraje* entre nosotros suele ser convencional o facultativo y unilateral. Pero además convive el arbitraje obligatorio. El arbitraje convencional depende de la voluntad de ambas partes cuando acuerdan sujetar el conflicto colectivo existente a este medio de solución. El arbitraje unilateral está subordinado a la voluntad de los trabajadores cuando lo solicitan a la autoridad administrativa de trabajo previa la huelga o mientras ella tiene lugar. El arbitraje obligatorio es impuesto por la voluntad del Estado en empresa de servicio público cuando la huelga esté en ejecución.

---

128. GARCÍA ABELLÁN. *Op. cit.*, p. 219.
129. SOLER MENDIZÁBAL, Ricaurte. *El arbitraje, la conciliación y la mediación.* Métodos alternos de solución de conflictos. Panamá, 2002, p. 19.

El compromiso de los trabajadores y el empleador para acudir al arbitraje se suscribe por triplicado y además de la firma de las partes lleva la del funcionario conciliador. Cada parte conserva un ejemplar del compromiso y el tercero se archiva en el Ministerio de Trabajo y Desarrollo Laboral. Solamente es válido si se suscribe dentro o después de concluido el procedimiento de conciliación, siempre que en este último caso estuviere corriendo todavía el plazo para declarar la huelga o que el compromiso se suscriba para ponerle término. El compromiso suscrito en violación de estas reglas, por mandamiento de la ley, no vincula a las partes. El arbitraje puede comprender el contenido total o parcial de una convención colectiva de trabajo.

El artículo 452 del Código de Trabajo, tal como se encuentra vigente luego de la modificación introducida por el artículo 1 de la Ley 45 de 2 de julio de 1998 y por el fallo de inconstitucionalidad dictado por el Pleno de la Corte Suprema de Justicia el 23 de marzo de 1999, preceptúa que, concluidos los procedimientos de conciliación, se autoriza someter total o parcialmente el conflicto colectivo a *arbitraje* en cualquiera de los siguientes casos:

1. Si ambas partes acuerdan someterse al arbitraje.
2. Si los trabajadores, antes o durante la huelga, solicitan el arbitraje a la Dirección Regional o General de Trabajo.
3. Si el conflicto colectivo se produce en una empresa de servicio público, según la definición del artículo 486 de este Código de Trabajo.

En este caso, la decisión de la Dirección General o la Regional de Trabajo de someter el conflicto a arbitraje ha de producirse después que la huelga haya comenzado y ordenará además la inmediata suspensión de esta, lo que implica una intimación al sindicato o al grupo de trabajadores huelguistas para que cesen en la ejecución de las medidas de acción directa.[130]

A las partes les está permitido apelar la decisión ante el ministro de Trabajo y Desarrollo Laboral. El recurso se concede en el efecto devolutivo y será decidido sin intervención de las partes.

4. En casos de huelga en el servicio público, si la Dirección General de Trabajo determinase que, por la duración de la huelga, se han deteriorado gravemente las condiciones socioeconómicas de los habitantes de la región o del país.

La resolución que ordene someter a arbitraje el conflicto colectivo, deberá ser motivada por la autoridad competente y podrá ser apelada ante el ministro de Trabajo y Desarrollo Laboral.

---

130. Cfr. MONZÓN y SALAS en *Op. cit.*, p. 318.

1. La designación de árbitros

Dentro de los dos días siguientes a la notificación del acuerdo o de la solicitud de que trata el artículo 452, cada una de las partes designa un *árbitro*. Los árbitros se designan, por cada parte, de sendas listas que anualmente elabora cada director regional de Trabajo y la Dirección General de Trabajo, previa consulta con los empleadores y las organizaciones de trabajadores, quienes sugieren las personas que deben formar la lista respectiva. Cada lista ha de constar de no menos de cinco ni más de quince personas. Una vez aceptada su inclusión en la lista, no puede rechazarse la designación como árbitro, salvo excusa legal, y bajo pena de desacato. Si por cualquier causa no fuere posible designar los árbitros de las listas correspondientes, cada parte designa libremente un árbitro. Si vencido el plazo para designar el árbitro, cualquiera de las partes no lo hubiere hecho, la Dirección General la Dirección Regional de Trabajo escoge al azar el árbitro de la lista correspondiente.

Los árbitros designados por las partes se reúnen y escogen un tercer árbitro: el presidente del Tribunal de Arbitraje. Si no se pusieren de acuerdo dentro del día siguiente al que tomaron posesión de su cargo, el director general de Trabajo designa el tercer árbitro, que puede ser un funcionario del Ministerio de Trabajo y Desarrollo Laboral que no hubiere participado en la conciliación o una persona idónea. No es necesario que el tercer árbitro se escoja de las listas confeccionadas por este Ministerio.

Cuando el arbitraje sea impuesto por el Estado, el árbitro que corresponda ser escogido por el Ministerio de Trabajo y Desarrollo Laboral, debe seleccionarse de una lista elaborada con anticipación al inicio del conflicto colectivo.

No pueden ser miembros del Tribunal de Arbitraje las personas que tengan impedimentos legales o los que directa o indirectamente hubieren intervenido en representación de las partes en las etapas de trato directo o de conciliación. Esta prohibición comprende a los trabajadores, los representantes, los apoderados, y en general toda persona ligada a ellos por cualquier vínculo de interés o dependencia.

Los árbitros son recusables dentro del día siguiente a su designación ante el director general o el director regional o de Trabajo. Son causas de recusación: 1. Tener interés directo en el conflicto; 2. Ser pariente dentro del cuarto grado de consanguinidad o segundo de afinidad con cualquiera de los representantes o los apoderados de las partes; o 3. Tener con las partes enemistad manifiesta por hechos determinados. Las excusas se fundan en las mismas causales.

En caso de falta o impedimento de alguno de los árbitros, se reemplaza en la misma forma en que se hizo la designación.

Los árbitros deben ser personas que conozcan los problemas económicos sociales y especialmente, dentro de lo posible, las condiciones de trabajo en la rama de actividad correspondiente.

2. El Tribunal de Arbitraje

El arbitraje laboral como hemos visto no es unipersonal, sino colegiado. Tres árbitros componen el *Tribunal de Arbitraje* y tienen, durante el ejercicio de sus funciones los mismos derechos, privilegios, protección e inmunidades que los magistrados de los Tribunales Superiores de Trabajo.

El Tribunal de Arbitraje actúa sin sujetarse a formas legales de procedimiento en la recepción de las pruebas ofrecidas por las partes y de las que considere necesarias para la justificación de los hechos. Tiene facultad para efectuar todas las investigaciones conducentes al mejor esclarecimiento de las cuestiones planteadas y para solicitar el auxilio o informes de las autoridades y tribunales de trabajo, y de cualquier otra autoridad o funcionario.

El Tribunal de Arbitraje funciona con la asistencia indispensable de todos los miembros. El procedimiento debe ser simplificado, hacer a un lado las formas solemnes, mantener la igualdad de las partes y garantizar el derecho de defensa de ambas.

Dentro de los dos días siguientes a la toma de posesión del tercer árbitro, el Tribunal señala el día y la hora para oír a las partes, enterarse de los detalles del conflicto y recibir las pruebas que crea convenientes. El director general o regional de Trabajo está en la obligación de entregarle todos los antecedentes, las diligencias y los informes concernientes al resultado del procedimiento conciliatorio.

Los honorarios de los árbitros los fija y los paga el Ministerio de Trabajo y Desarrollo Laboral.

3. El laudo arbitral

El *laudo arbitral* "es el acto de decisión por el cual queda jurídicamente resuelto un conflicto colectivo de trabajo".[131] Es la decisión proferida por el Tribunal de Arbitraje que zanja las diferencias entre las partes.

Dentro de los diez días hábiles siguientes a la audiencia con las partes, el Tribunal Arbitral dicta el laudo arbitral, sujetándose a los hechos y a la verdad sabida, sin subordinarse a las reglas sobre estimación de las pruebas y examinando los hechos técnicamente y en conciencia. La decisión, debidamente motivada, se adopta por mayoría de votos. Siuno de los árbitros se niega a firmarla, los otros dos ponen el hecho en conocimiento de la Dirección General o Regional de Trabajo, la cual deja constancia de ello en el laudo, que es válido con la firma de los demás árbitros.

131. *Ibidem*, pp. 243 y 244.

El laudo arbitral no afecta los derechos reconocidos por la Constitución, la ley, convenciones colectivas o contratos de trabajo, ni podrá fijar condiciones de trabajo inferiores a las ya existentes.

El laudo arbitral se notifica personalmente a las partes. En caso de no ser posible la notificación personal, se verifica por edicto fijado durante cinco días en la Dirección General o Regional de Trabajo.

El laudo arbitral tiene naturaleza normativa y equivale a ley entre las partes, para las cuales se establecen las nuevas condiciones de trabajo.

Su incumplimiento da base legal para reclamar en proceso ejecutivo, abreviado o común de trabajo, sin perjuicio del derecho de huelga.

El laudo arbitral obliga a las partes por el tiempo que determine, que no podrá exceder del plazo máximo cuatro años que se señala en el artículo 410 del C. de T. para las convenciones colectivas, o del previsto en el compromiso, si las partes hubieren fijado uno inferior.

El expediente relativo al arbitraje, una vez notificado el laudo, se archiva en el Ministerio de Trabajo y Desarrollo Laboral.

4. Nulidad del laudo arbitral

El laudo arbitral no admite recurso alguno, pero es nulo en los siguientes casos:

a) Si decide sobre asunto que no fue sometido al arbitraje, pero sólo en la parte que constituye el exceso.

b) Si desmejora las condiciones de trabajo.

c) Si se falla fuera de término. No obstante, si transcurren más de dos días luego de vencido el plazo para fallar, sin que ninguna de las partes formule objeción escrita, el término respectivo se entenderá prorrogado por diez días más, por una sola vez. La objeción puede formularse ante el presidente del Tribunal o ante el funcionario que dirigió la conciliación.

d) Si el compromiso fuere nulo o ineficaz.

La petición de nulidad del laudo arbitral se tramita como proceso abreviado ante los Juzgados Seccionales de Trabajo.

GUÍA DE ESTUDIO

1. ¿Qué es un conflicto colectivo de trabajo?
2. ¿Cómo se clasifican los conflictos colectivos del trabajo?
3. ¿Cuáles son los medidos de solución de los conflictos colectivos de trabajo?
4. ¿Qué es el tratado y arreglo directo?
5. ¿Qué es la conciliación y cuál es su procedimiento?
6. ¿Qué es el arbitraje y cuál es el procedimiento?
7. ¿Cuáles son los efectos del laudo arbitral y las causas de nulidad?

Lección IX
EL DERECHO DE HUELGA

I. DEFINICIÓN DOCTRINAL DE LA HUELGA

La *huelga*[132], entendida "como un mecanismo de negociación y de presión en la negociación colectiva",[133] a la vez como "uno de los medios esenciales y legítimos para la promoción y defensa de los intereses económicos y sociales de los trabajadores"[134]; así como "un instrumento de lucha de la clase trabajadora",[135] suele ser definida desde la perspectiva doctrinal y desde la perspectiva de la legislación laboral.

Desde la perspectiva de la doctrina, se han escogido las definiciones brindadas por Otto Kahn-Freund, Mario de la Cueva, Alfonso López Aparicio, José de Jesús Castorena, G. H. Camerlynck y G. Lyon-Caen, y Giuseppe Pera.

Otto Kahn-Freund brinda una definición sencilla y breve que, sin incluir los motivos de la huelga, alude a su esencia, que es la suspensión de las actividades laborales convenida por los trabajadores. De este modo, para el mencionado autor, "Una huelga es una interrupción concertada del trabajo".[136]

Mario de la Cueva estima la huelga dentro del contexto de la suspensión, debidamente articulada, de las actividades laborales con la meta de alcanzar condiciones de trabajo, y lograr que estas se observen, impregnadas de justicia social, hasta que la sociedad pueda transformarse en su totalidad, de modo que los bienes por ella producidos permitan satisfacer todas las necesidades de los trabajadores.

En este sentido, la define como "la suspensión concertada del trabajo, llevada a cabo para imponer y hacer cumplir las condiciones de trabajo,

---

132. Según Guillermo CABANELLAS, "Etimológicamente en castellano, la palabra *huelga* procede de *huelgo*, especie de tiempo en que uno está sin trabajar. A su vez, el sustantivo *huelgo* se origina en *holgar*, con raíz latina en *fullicare*, respirar, figuradamente, tomar aliento o descansar tras esfuerzo, fatiga o la suma de ambos que significa el trabajo, sobre todo el manual" (CABANELLAS, Guillermo y RUSSOMANO Mozart, Víctor. *Los conflictos colectivos de trabajo y su solución*. Editorial Heliasta, Buenos Aires, 1979, p. 34).

133. LAFONT, Francisco. *Derecho Laboral Colectivo*. Ediciones Ciencia y Derecho, Bogotá, 1991, p.174. Es interesante resaltar que la Carta Social Europea "considera el 'derecho' de huelga como institución complementaria de la negociación colectiva..." (citada por KAHN-FREUND, Otto. *Trabajo y Derecho*. Traducción de Jesús Galiana Moreno, de la tercera edición inglesa a cargo de Paul Davies y Mark Freedland. Colección Estudios, Ministerio de Trabajo y Seguridad Social, Madrid, 1987, pp. 408 y 409).

134. Criterio del Comité de Libertad Sindical de la Organización Internacional del Trabajo, en HODGES, J. y ODERO RÍOS, A. *"Los principios del Comité de Libertad Sindical relativos a las huelgas", Revista Internacional del Trabajo*. N.°4, vol. 106, octubre-diciembre, 1987, pp. 511-533, citado por ROQUEBERT LEÓN, María. "El Canal de Panamá y el derecho de huelga", *Tareas*. N.°105, Revista del Centro de Estudios Latinoamericanos Justo Arosemena, Panamá, mayo-agosto, 2000, p. 72.

135. MURGAS TORRAZZA, Rolando. *Estudios laborales*. Panamá, 1982, p. 69.

136. KAHN-FREUND. *Op. cit.*, p. 388.

que respondan a la idea de justicia social, como un régimen transitorio, en espera de una transformación de las estructuras políticas, sociales y jurídicas, que pongan la riqueza y la economía al servicio de todos los hombres y de todos los pueblos, para lograr la satisfacción integral de su necesidad".[137]

Alfonso López Aparicio la comprende desde el prisma de la suspensión de las labores en la empresa o el establecimiento, por decisión de una mayoría coaligada de trabajadores, cumpliéndose con los requerimientos establecidos por la ley, a los efectos de obtener del empleador conquistas prestacionales que faciliten conseguir el equilibrio en las relaciones laborales. El objetivo inmediato son las prestaciones, mientras que el objetivo mediato es el equilibrio entre los factores de la producción.

En este orden de ideas expresa que la huelga es "la suspensión de las labores en la empresa o establecimiento, llevada a cabo con el cumplimiento de los requisitos legales, decretada por la coalición mayoritaria de los trabajadores para exigir y obtener del patrón las prestaciones necesarias para lograr el equilibrio en las relaciones de trabajo".[138]

José de Jesús Castorena la entiende en el marco de la suspensión de las labores acordada por la mayoría de los trabajadores de la empresa o del establecimiento, en su caso, para la defensa y el mejoramiento de las condiciones laborales de la colectividad integrante de cualquiera de esas unidades productivas o de otras, en aras de un interés particular ode una acción solidaria con otros trabajadores. Ella comprende la huelga directa por interés propio en el centro de trabajo y la huelga en apoyo a la decretada por otros trabajadores en centro diferente.

Así pues, para este autor la huelga es "la suspensión del trabajo concertada por la mayoría de los trabajadores de una empresa o establecimiento para defender y mejorar las condiciones de trabajo propias, o ajenas, de una colectividad de trabajadores".[139]

G. H. Camerlynck y G. Lyon-Caen explican la huelga (*la grève*) bajo la óptica del "instrumento esencial de lucha y avance de los trabajadores, tanto frente a la empresa que explota sus servicios, como ante el propio gobierno".[140] Obviamente, esta concepción que implica acción coordinada del movimiento obrero en el perímetro de la empresa con fines reivindicativos y en el ámbito nacional con propósitos de política social. Ella incluye la

---

137. DE LA CUEVA, Mario. *El nuevo Derecho Mexicano del Trabajo*. Tomo I, Porrúa, México, 1989, p. 588, citado por SANTOS AZUELA, Héctor. *"Perspectivas actuales de la huelga"*, en *Boletín Mexicano de Derecho Comparado* N.°71, Instituto de Investigaciones Jurídicas, UNAM, nueva serie, año XXIV, mayo-agosto, México, 1991, p. 520.
138. LÓPEZ APARICIO, Alfonso. "Derecho Colectivo del Trabajo", en *El Derecho Latinoamericano del Trabajo*. UNAM, México, 1974, p. 80, citado por SANTOS AZUELA. Revista citada, p. 520.
139. CASTORENA, José de Jesús. *Manual de Derecho Obrero*. México, 1984, p. 300, en SANTOS AZUELA. Revista citada, p. 520.
140. SANTOS AZUELA. Revista citada, p. 521.

huelga reivindicativa y la huelga político-social.

Estos autores la definen "como la suspensión colectiva y concertada del trabajo a efectos de presionar al patrón y a los poderes públicos".[141]

En esta misma línea de pensamiento se encuentra el criterio de Giuseppe Pera. Para este, "Por huelga (*sciopero*) se entiende genéricamente la abstención colectiva del trabajo por parte de los trabajadores, con el fin de presionar sobre la contraparte empleadora o sobre los poderes públicos a favor de sus reivindicaciones".[142]

Esta noción resalta que la huelga incumbe a los trabajadores, en contraste con el cierre (*la serrata*), que es "la suspensión de la actividad por decisión del empleador, siempre con un fin sindical"[143], es decir, en defensa de sus intereses.

II. DEFINICIÓN LEGAL DE LA HUELGA

Desde la perspectiva de la legislación, se han seleccionado las definiciones contempladas por la Ley Federal del Trabajo de México, el Código de Trabajo de República Dominicana, el Código Sustantivo del Trabajo de Colombia, el Código de Trabajo de Costa Rica y el Código de Trabajo de Panamá.

A partir de la definición panameña y considerando otros criterios recogidos en la gama de normas de su instrumento legal, se va a elaborar una clasificación que ayude a comprender los tipos de huelga admitidos en nuestro país.

Todas las definiciones legislativas se refieren a la suspensión temporal y concertada de las labores por parte de un grupo de trabajadores. Las legislaciones colombiana y costarricense destacan la circunstancia de que esta suspensión ha de ser pacífica. Algunas de estas definiciones aluden al fin de la huelga, mientras que la mexicana hace caso omiso de ese elemento. La legislación panameña, si bien no lo consigna explícitamente, lo prevé en forma implícita, al requerir que ella debe realizarse conforme a las disposiciones del Código, las cuales incluyen el propósito de la acción de los trabajadores.

El artículo 440 de la Ley Federal del Trabajo de México indica: "Huelga es la suspensión temporal del trabajo llevada a cabo por una coalición de trabajadores".

El artículo 401 del Código de Trabajo de República Dominicana expresa: "Huelga es la suspensión voluntaria del trabajo concertada y realizada colectivamente por los trabajadores en defensa de sus intereses comunes".

---

141. Cfr. CAMERLYNCK, G. H. y LYON-CAEN, G. *Droit du Travail.* Dalloz, Paris, 1977, p. 591, en SANTOS AZUELA. Revista citada, p. 521.
142. PERA, Giuseppe. *Compendio di Diritto del Lavoro.* Quarta Edizione, Giuffrè Editora, Milano, 1997, p. 73.
143. *Idem.*

El artículo 429 del Código Sustantivo del Trabajo de Colombia dice así: "Se entiende por huelga la suspensión colectiva, temporal y pacífica del trabajo, efectuada por los trabajadores de un establecimiento o empresa con fines económicos y profesionales propuestos a sus patronos y previos los trámites establecidos en el presente título".

El artículo 364 del Código de Trabajo de Costa Rica preceptúa: "Huelga legal es el abandono temporal del trabajo en una empresa, establecimiento o negocio, acordado y ejecutado pacíficamente por un grupo de tres o más trabajadores, con el exclusivo propósito de mejorar o defender sus intereses económicos y sociales comunes".

El artículo 475 del Código de Trabajo de Panamá la define así: la "huelga es el abandono temporal del trabajo en una o más empresas, establecimientos o negocios, acordado y ejecutado por un grupo de cinco o más trabajadores con arreglo a las disposiciones de este Título" (Título IV-Derecho de Huelga, Libro III-Relaciones Colectivas).

Los *elementos* de esta *definición legal* son los siguientes:

1. *La huelga es el abandono temporal del trabajo*. La huelga, según el artículo 69 de la Constitución Nacional y la denominación del Título IV, es un derecho de los trabajadores,[144] es decir, es un derecho con rango constitucional, cuyo ejercicio está reglamentado por la ley. El derecho de huelga[145] es "uno de los instrumentos más efectivos de la clase obrera para lograr sus cometidos -mejoramiento de sus condiciones de trabajo"-,[146] y es irrenunciable, a la luz del artículo 482 del Código. Por lo tanto, es nula la cláusula en la convención colectiva, en el contrato individual o en cualquier otro pacto, que implique su renuncia o su limitación.

---

144. Existe en la doctrina la clásica distinción de Calamandrei, *"que establece que el Estado puede adoptar tres posiciones frente al fenómeno de la huelga: prohibirla: la huelga-delito; protegerla: la huelga-derecho o asumir una actitud indiferente: la huelga-libertad en la cual uno asume las posibilidades que se deriven del ejercicio de esa libertad"* (citado por VAN DER LAAT, Bernardo. *"Límites al derecho de huelga en Costa Rica. Actualidad y perspectivas"*, en *Revista de Ciencias Jurídicas* N.°47, Universidad de Costa Rica, Facultad de Derecho, San José, mayo-agosto, 1982, p. 14). Para la Constitución y el Código, la huelga es un derecho; sin embargo, en el caso de los trabajadores de la Autoridad del Canal de Panamá, el artículo 92 la Ley 19 de 11 de junio de 1997 la prohíbe taxativamente. Esta prohibición tiene su antecedente en el artículo 322 de la Constitución, que considera al Canal como un servicio público internacional esencial, cuyo funcionamiento no puede ser interrumpido por causa alguna. El artículo 92 textualmente reza: *"Para asegurar que no se afecte el servicio público internacional para el cual fue creado el canal, su funcionamiento no podrá interrumpirse, ni total ni parcialmente, ni desmejorarse por causa alguna. Se prohíbe la huelga, el trabajo a desgano y cualquier otra suspensión injustificada de labores".*

145. En la evolución de los conceptos, -expresa CABANELLAS- *la huelga ya no se define cual libertad que el trabajador tiene de abstenerse de trabajar, sino como un derecho que posee legítimamente todo aquel que trabaja. Fundándose en que no es lícita la suspensión individual del trabajo, se afirma la licitud del abandono colectivo de la actividad laboral y se llega a la conclusión de que tal abandono es un derecho que deriva de la democratización de las normas legales, al modificar -cual se ha dicho- la finalidad de no trabajar por el derecho positivo de suspender las labores"* (CABANELLAS y RUSSOMANO. *Op. cit.*, p. 45).

146. Sentencia de 23 de marzo de 1999. Pleno de la Corte Suprema de Justicia, en ÓRGANO JUDICIAL. *Registro Judicial*. Publicación del Órgano Judicial, Panamá, marzo, 1999, p. 166.

El abandono del trabajo resultado del acuerdo de huelga debe implicar la paralización temporal, declarada por tiempo definido o por tiempo indefinido, pero no debe comprender la paralización definitiva de las labores. Se trata de una suspensión de algunos efectos del contratode trabajo: la obligación de prestar el servicio y la obligación de pagar el salario, a menos que la huelga sea declarada imputable al empleador en que procede el pago salarial. El tiempo de duración de la huelga legal se computará como trabajo efectivo para los efectos de vacaciones, licencia por enfermedad y todas las prestaciones que tengan como base la antigüedad de servicios. Además, la huelga no perjudica en forma alguna a los trabajadores que estuvieren percibiendo salarios o indemnizaciones por accidente, enfermedad, maternidad, vacaciones u otras causas análogas.

2. *La huelga es susceptible de afectar a una, dos o varias empresas, así como a uno, dos o varios establecimientos o negocios de la empresa*. Cuando varias personas jurídicas funcionen como unidad económica, para los efectos de la huelga, los trabajadores podrán optar porque aquéllas se consideren como un solo empleador, si el pliego de peticiones se presentó contra todas ellas.

3. *La huelga ha de ser acordada y ejecutada por un mínimo de cinco trabajadores*. La medida tiene dos fases: una, la fase de acuerdo, es decir, la fase en que los trabajadores adoptan la decisión de ir a la huelga, y dos, la fase de ejecución, es decir, la fase en que ella realmente tiene lugar. Por otra parte, cinco o más trabajadores están facultados para su adopción y su cumplimiento, estén o no organizados en un sindicato.

4. *La huelga ha de apegarse a la ley*. Por consiguiente, los huelguistas deben acatar los requisitos de forma y de fondo establecidos por el Código de Trabajo, específicamente los que aparecen en el Título IV de su Libro III. Estos son: agotar el procedimiento de conciliación, requerimiento de que la mayoría de los trabajadores apoya la huelga, objetivos económicos o jurídicos, notificación previa al Ministerio de Trabajo y Desarrollo Laboral, y formalidades predeterminadas en relación con el acuerdo de huelga.

III. NATURALEZA JURÍDICA

Para explicar la naturaleza de la huelga, la doctrina ha expuesto distintas teorías. Los criterios varían desde los autores que la consideran un hecho o un acto antijurídico hasta los que estiman que es un derecho, para algunos un derecho individual y para otros un derecho colectivo. Veamos, en forma resumida, algunas de estas teorías, siguiendo al laboralista colombiano Guillermo Guerrero Figueroa:

1. La huelga es un hecho con proyecciones jurídicas. La huelga es un hecho para hacer efectivo el derecho al trabajo; en ningún caso es un delito. La huelga afianza ese derecho, que lleva implícito para su concreción el derecho de paralizar las actividades laborales. Se trata de un hecho con proyecciones jurídicas y consecuencias económicas sociales, que tiene un marco normativo dispuesto por el legislador. La huelga, que equivale a no trabajar, es la otra cara de la moneda del derecho al trabajo. Los trabajadores suspenden las actividades laborales para lograr la efectividad de derechos que de otra forma los titulares no podrían ejercerlos eficazmente.[147]

2. La huelga es un acto antijurídico. La suspensión de actividades por huelga es un hecho negativo previsto por el ordenamiento que se contrapone al hecho positivo de trabajar. De esta forma la consagración legislativa de la huelga le da una connotación negativa a la suspensión del trabajo, que la equipara a una guerra, la cual, por supuesto, "conspira contra la paz y el sosiego social y su autorización contraviene "el prestigio del poder estatal y compromete la paz pública". La admisión de ese derecho de guerra implica, la imperfección de la organización jurídica y la erosión del poder estatal en cuanto a su capacidad de componer conflictos e instaurar la paz. El Estado, al permitir esta especie de defensa privada en manos de los trabajadores, muestra que ha renunciado al escudo protector de la sociedad por parte de la autoridad y así su incapacidad para resolver los conflictos de trabajo. [148]

3. La huelga es una abstención del trabajo. La huelga no es un derecho; es simplemente una inhibición de prestar los servicios en el modo, el tiempo y el lugar contratados. El trabajador adquiere la obligación de trabajar una vez se compromete en el contrato de trabajo y el empleador el derecho a demandar su fuerza de trabajo. No hay para el trabajador,en virtud de sus obligaciones contractuales, el derecho o la libertad de no trabajar y si se abstiene de hacerlo incumple sus obligaciones e incurre en la causal de despido de ausencias injustificadas. Si en los casos individuales, esa es una infracción castigada, no hay justificación para que en los casos de la huelga el incumplimiento en prestar el servicio se convierta en un derecho; por lo tanto, en la huelga, los trabajadores que colectivamente dejan de trabajar caen igualmente en conductas de ausencias injustificadas o abandono del empleo.[149]

4. La huelga es un derecho individual. La huelga es un indiscutible derecho individual del trabajador. El trabajo es un deber y un derecho del individuo. El deber de trabajar que aparece en el texto constitucional, es una obligación de carácter genérico, que no implica que el trabajador deba trabajar con determinado empleador. De ahí, que "La obligación de trabajar, emanada del contrato de trabajo, es una obligación de hacer, y en ningún motivo puede ser motivo de presión, esto es, de ejecución forzosa.

---

147. GUERRERO FIGUEROA, Guillermo. *Derecho Colectivo del Trabajo*. 9.ª edición, Editorial Leyer, Bogotá, D. C., 2005, p. 341.
148. Cfr. *Ibidem*, p. 342.
149. Cfr. *Ibidem*, pp. 343 y 344.

La negativa del trabajador de prestar servicios con determinado patrono no puede ser, según esta doctrina, superada sin el consentimiento del trabajador mismo, ya sea en forma individual o colectiva".[150]

4. *La huelga es un derecho colectivo.* La huelga va más allá del derecho individual del trabajador de no trabajar. Esta actitud aislada y unilateral de paralizar las labores se distingue de la manifestación de una colectividad de trabajadores, en otras palabras, de un grupo de trabajadores que cesa las labores de manera convenida y sincrónica, ajustada a la normativa legal para ejercer presión, en términos generales de índole económica, contra el empleador para modificar las condiciones fijadas en el contrato de trabajo o resolver cualquier conflicto jurídico o económico. [151]

La huelga tiene lugar cuando hay concierto de voluntades en los trabajadores para declararla y ejecutarla. Por eso es un derecho colectivo porque requiere de la unión de trabajadores encaminada a la suspensión de las labores, eso sí, cumpliendo con los requisitos de forma y de fondo establecidos por el Código de Trabajo.

En el caso de nuestro Derecho positivo, la huelga es un derecho colectivo que emana de la Constitución y la ley. La Constitución Política (art. 69) reconoce este derecho de huelga y el ordenamiento laboral lo regula. El Código de Trabajo lo designa así: *derecho de huelga*, en el Titulo IV, de su Libro III (Relaciones Colectivas). El ejercicio del derecho implica el abandono temporal del trabajo en una o más empresas, establecimientos o negocios, acordado y ejecutado por un grupo de cinco o más trabajadores con arreglo a las disposiciones de dicho Título (art. 475). El Código también exige que los trabajadores que se adhieran a la huelga deben constituir la mayoría de los trabajadores de la empresa, negocios o establecimientos (art. 475). En el caso de la huelga fuera declarada por un sindicato gremial en una o más empresas, establecimientos o negocios, será legal si es aprobada por ciento de los miembros del sindicato (art. 477). El derecho de huelga es irrenunciable y, por consiguiente, será nula la cláusula dela convención colectiva, el contrato individual o cualquier otro pacto que implique renuncia o limitación de este derecho (art. 482).

IV. HUELGA EN LA DOCTRINA Y EN LA LEGISLACIÓN PANAMEÑA

La doctrina se ha preocupado en establecer los criterios para clasificar el movimiento de los trabajadores, adecuándolos a las realidades específicas de las legislaciones nacionales.

---

150. Cfr. *Ibidem*, p. 343.
151. *Ibidem*, p. 344.

Roberto García Ramírez brinda un panorama interesante, debido a la riqueza de situaciones planteadas, que incluye hasta una gama de conductas no compatibles con la suspensión colectiva de las labores, que es del siguiente tenor:

"1. La huelga propiamente dicha: consistente en la cesación total de trabajar, por tiempo indeterminado.

2. La huelga intermitente: consistente en ceses de corta duración, repetidos con participación de todos los trabajadores involucrados.

3. Huelga turnante o rotatoria: sucesiva en diversas secciones o sectores.

4. Huelga tapón, trombosis o neurálgica: se produce parcialmente en sectores estratégicos, que afectan toda la producción.

5. Huelga de brazos caídos: los trabajadores cesan en su trabajo, pero manteniéndose en sus puestos.

6. Huelga de ocupación: se produce el cese de actividades con ocupación de la fuente de trabajo por tiempo indefinido. [...].

7. Huelga de turno lento: con disminución del rendimiento normal.

8. Huelga de celo o reglamento: el trabajo se cumple con una minuciosidad extrema, que lo hace exasperante.

9. Huelga activa: se trabaja más y más horas contra la voluntad del empleador. [...].

10. Huelga salvaje: hecha contra o al margen de las directivas o de la dirigencia sindical. [...]".[152]

Porfirio Hernández Quezada, en un estudio comparado del Derecho francés y el Derecho dominicano, distingue varios tipos de huelga. Así, se refiere a la huelga lícita, la huelga ilícita, la huelga de celo, la huelga giratoria, la huelga política, la huelga de solidaridad, la huelga perlada, la huelga popular, la huelga en el sector público y la huelga sorpresiva.[153]

La huelga lícita es la huelga permitida, la huelga legal, mientras que la ilícita es la ilegal por razón de su desarrollo o por los medios empleados.

La huelga de celo no exige la cesación del trabajo; ella "consiste en la ejecución extremadamente minuciosa del trabajo del trabajo"; pero el rigor en la observancia de todas las formalidades administrativas comporta una mengua de la actividad.

La huelga giratoria (tournante) es aquella que afecta "una categoría o un sector de la producción". "Es una cadena de huelgas". Según Stendardi, la huelga giratoria es "la abstención de trabajar practicada en una empresa por varios trabajadores, no de manera uniforme, sino en talleres diferentes y en diferentes momentos". "No se trata pues de huelgas

---

152. GARCÍA RAMÍREZ, Roberto. *Derecho del Trabajo y de la Seguridad Social.* Ad-hoc, Buenos Aires, 1998, pp. 624 y 625.

153. Cfr. HERNÁNDEZ QUEZADA, Porfirio. *El derecho de huelga: estudio comparativo.* Instituto de Estudios Superiores, Santo Domingo, R. D., s/f., pp. 48- 64, 71 y 74.

parciales independientes entre sí, sino de paros colectivos de trabajo que se suceden en los diversos sectores ligados y coordinados por un acuerdo único tendente a la consecución de un fin único".

La huelga política -ha dicho la Corte de Casación en Francia- es la que "se inmiscuye en el ejercicio de los actos reservados a los poderes públicos, falseando así el juego de las instituciones constitucionales".

La huelga por solidaridad es aquella que ocurre "cuando un grupo de asalariados decide abandonar su trabajo, sin reivindicar nada para sus miembros, sino únicamente para ayudar el movimiento desencadenado por otros asalariados, principalmente de trabajadores de la misma rama profesional".

La huelga perlada "es la ejecución de una manera errada, defectuosa e inhabitual del trabajo".

La huelga popular es la desencadenada "por todos los habitantes de una ciudad determinada para protestar pacíficamente y de común acuerdo, contra los abusos cometidos por las autoridades y para demandar del gobierno la sustitución de esas autoridades".[154]

La huelga en el servicio público es la paralización que realizan los servidores públicos del funcionamiento del servicio correspondiente.[155]

La huelga sorpresiva es la suspensión de las actividades sin un preaviso que le permita al usuario del servicio público tomar las precauciones necesarias y "a las autoridades públicas buscar los medios técnicos -por ejemplo, camiones militares cuando la huelga es de transporte- de hacer uso eventualmente del derecho de requisición o en fin de buscar un modus vivendi de huelga de acuerdo con los sindicatos organizadores".[156]

Bernardo da Gama Lobo Javier distingue entre huelga clásica, huelga de trombosis o rotativa y huelga intermitente.

La huelga clásica "es la abstención colectiva y concertada de la prestación del trabajo para la realización de los fines comunes".

La huelga de trombosis o rotativa, es aquella que afecta "los puntos frágiles de la división del trabajo propia de la empresa industrial moderna; así la huelga que incide en un punto estratégico de la producción o en una rotatividad de los puntos de producción, abarca la paralización casi total de la unidad productiva con el recurso a un mínimo de huelguistas".

La huelga intermitente, es la "destinada a destruir el ciclo mínimo vital del trabajo".[157]

---

154. *Ibidem,* pp. 48-64
155. *Cfr. Ibidem,* p. 71.
156. *Ibidem, p. 74.*
157. LOBO JAVIER, Bernardo da Gama. "La huelga en el Derecho", en *La protección del trabajo en el mundo moderno.* Volumen II, obra en homenaje al profesor emérito doctor Alfredo Ruprecht, Cárdenas editor y distribuidor, México, D. F., 1987, pp. 172 y 173.

En el marco de los objetivos, Guillermo Guerrero Figueroa se refiere a distintos tipos de huelga: defensivas, ofensivas, económicas, sociales, políticas, revolucionarias o de simpatía.

Las huelgas defensivas son las que tienen por objeto "oponerse a una pretensión del patrono o para impedir la violación de la convención colectiva o de un pacto colectivo; en síntesis, para impedir un procedimiento del patrono que perjudique los intereses de los trabajadores".

Las huelgas ofensivas son las que buscan "ventajas mejores a las existentes, luchar por el mejoramiento de las condiciones de trabajo, en comparación las que vienen rigiendo al momento de presentarse el conflicto".

Las huelgas económicas o de interés persiguen obtener mejores salarios, reducción de la jornada de trabajo, esto es, todo el mejoramiento económico de los trabajadores".

Las huelgas sociales o de derecho "son las que buscan el mejoramiento de las luchas sindicales, o sea, que tienen un objetivo general, abstracto, en beneficio del sindicalismo o del sindicato que entró en la lucha en un momento determinado".

Las huelgas políticas son las que "tienen como fin la transformación del sistema político que viene imperando".

Las huelgas revolucionarias son aquellas que aspiran "no solo a la transformación sino al derrocamiento de todo un sistema, la dictadura del proletariado, la eliminación de la propiedad privada, etc."

Las huelgas de simpatía son las decretadas por "los trabajadores o sindicatos con el objeto de solidarizarse con oros sindicatos que son los que tienen intereses directos en el conflicto".[158]

En Panamá, en consideración la doctrina, pero siguiendo la ley laboral panameña e incluso la actividad de la jurisprudencia, podemos hablar de huelga legal, huelga ilegal, huelga imputable, huelga por solidaridad, huelga en las actividades de servicio público y huelga político-social (aunque esta se encuentra al margen de la legislación).

V. HUELGA LEGAL

La *huelga legal*, expresa Rolando Murgas Torrazza, "es la que cumple con todos los requisitos de fondo y de forma que exige la Ley".[159]

A. REQUISITOS DE FONDO Y DE FORMA

El C. de T. exige que la huelga la declaren y la ejecuten al menos cinco trabajadores y que tal acción tenga el respaldo de la mayoría de los que laboran en la empresa, el negocio o el establecimiento.

158. GUERRERO FIGUEROA. *Op., cit.*, p. 355.
159. MURGAS TORRAZZA, Rolando. *"La huelga en Panamá"*, en AA. VV. *La huelga en Iberoamérica*. Coordinador Mario Pasco Cosmópolis, Aele, Lima, 1996, p. 185.

La adopción del acuerdo de la huelga requiere, si se trata de un grupo no organizado de trabajadores, de la voluntad de la mayoría de los interesados. Si se trata de un sindicato, se necesita la aprobación de la asamblea general y de la mayoría de votos.

En cuanto a este requisito de la *mayoría*, se precisan las reglas siguientes:

1. Para su determinación no son tomados en consideración los trabajadores de confianza, los eventuales, los ocasionales y los que ingresaron posteriormente a la presentación del pliego de peticiones. Sin embargo, todos tienen derecho a participar en la huelga (art. 479).

2. En caso de que la empresa tenga varios establecimientos, se estima para los efectos de tal mayoría, el total de los trabajadores de esta empresa. Se hace abstracción de la mayoría o no en cualquiera de los establecimientos (art. 476).

3. Empero, cuando la huelga se declara en uno solo de los establecimientos de la empresa o en algunos de ellos, es necesaria la mayoría en cada uno de los que ha declarado la medida, excepto que todos los trabajadores huelguistas sean la mayoría absoluta en toda la empresa, considerados incluso los establecimientos que no estén afectados por la huelga (art. 476).

4. Cuando la huelga la declara un sindicato gremial, debe ser aprobada por el sesenta por ciento de sus miembros en la asamblea general, salvo que los huelguistas constituyan la mayoría de los trabajadores de la empresa o de las empresas afectadas, caso en el que rige la regla general (art. 477).

5. Cuando la huelga la declara un sindicato de industria en varias empresas se aplica la regla anterior, salvo que se declare en una sola empresa, negocio o establecimiento, en cuyo caso debe cumplir con todos los requisitos establecidos en el artículo 476 (art. 477).

La huelga también debe tener una *finalidad* acorde con las previsiones del Código. En este sentido, estaría fuera de la preceptiva legal la huelga que se aparte de dichas previsiones, tal como sería el caso de la que persiga cualquier propósito político o alejado del cumplimiento de normas o de los afanes reivindicativos.

En los *conflictos económicos* o *de intereses*, que son aquellos que tienen por objeto la celebración de una convención colectiva o que de cualquier modo expresan intereses colectivos de naturaleza económico-social o reivindicativa, la huelga puede perseguir la finalidad de obtener del empleador mejores condiciones de trabajo o la celebración de dicha convención colectiva (art. 480, nums. 2 y 3).

En cambio, en los *conflictos jurídicos* o *de derecho*, que son los que tienen por objeto la interpretación o la aplicación de una norma contenida en la ley, el decreto, el reglamento interno, la costumbre, la convención colectiva o el contrato y que interesan a un grupo o colectividad de trabajadores, la huelga puede decretarse para exigir el cumplimiento de la convención colectiva de trabajo, del arreglo directo o del laudo arbitral, en las empresas, negocios o establecimientos donde se hubiera dado la violación, y si fuere necesario la reparación del incumplimiento, o para obtener el cumplimiento de las disposiciones legales violadas en forma general y reiterada en todo o parte de la empresa, negocio o establecimiento y, si fuere el preciso, la reparación del incumplimiento (art. 480, nums. 3 y 4).

En cuanto a los requisitos *formales*, la ley laboral indica la obligación de agotar el procedimiento de conciliación a que se refiere el Título III del Libro III, sobre relaciones colectivas, del Código. Dicho procedimiento se inicia con el pliego de peticiones, que puede ser presentado por un sindicato o por un grupo no organizado de trabajadores (el cual debe contar con el apoyo al menos del treinta por ciento de los trabajadores que laboran en la empresa, el establecimiento o el negocio). El empleador dispone de cinco días hábiles para contestarlo. El procedimiento de conciliación vence a los quince días hábiles, contados desde la notificación del pliego de peticiones, salvo que las partes, con la anuencia del conciliador, decidan prorrogarla hasta dos veces, cada una de estas por un período no mayor de diez días hábiles.

La declaratoria de la huelga debe hacerse dentro de los veinte días hábiles siguientes a la terminación de la conciliación; sin embargo, lahuelga puede iniciarse incluso hasta tres días hábiles después de vencidoese plazo, siempre que dicha declaratoria se hubiere realizado dentrode los mencionados veinte días hábiles. La huelga no puede iniciarse de inmediato, por lo que es necesario un aviso previo de por lo menos cinco días calendario. En los servicios públicos, el aviso previo es de ocho días calendario (art. 490).

De dicha declaratoria de huelga se hará comunicación a la Inspección General, la Dirección General o la Dirección Regional de Trabajo, la cual la notificará inmediatamente al empleador o los empleadores afectados con una anticipación no menor a los cinco o los ocho días mencionados, según el caso. La mora de las autoridades de trabajo en notificar el empleador, no afectará la validez de la huelga, sin perjuicio de las sanciones que corresponda imponer al respectivo funcionario (art. 492).

La huelga puede declararse por tiempo determinado o por tiempo indefinido, siempre que en este caso de trata de una suspensión temporal y no definitiva del trabajo. Si no se especifica la duración, se entenderá que la huelga se declara por tiempo indefinido (art. 491).

B. EFECTOS JURÍDICOS

Los *efectos jurídicos* de la huelga legal, según el artículo 493 del Código, subrogado por el artículo 3 de la Ley 68 de 26 de octubre de 2010, que modifica el Código de Trabajo y dicta otras disposiciones, son:

1. La paralización de las actividades productivas en la empresa, establecimiento o negocio afectado. Una vez iniciada la huelga, la Inspección o Dirección Regional o General de Trabajo dará orden inmediata a la autoridad de policía para que garantice o proteja debidamente a las personas o propiedades. La Dirección Regional o General de Trabajo se asegurará de que las áreas de actividades productivas permanecerán inhabilitadas durante la huelga.

El Código de Trabajo ordenaba el "cierre inmediato de la empresa, establecimiento o negocio afectado".

La Ley 30 de 16 de junio de 2010, hoy derogada y que estuvo vigente por breve periodo, pues fue objeto de público rechazo, dispuso que el primer efecto de la era la suspensión de las labores de los trabajadores que apoyaban la huelga en el establecimiento o negocio afectado. En consecuencia, los que no la apoyaban no estaban obligados a tal suspensión.

La Ley 68 de 2010 (negociada por los actores laborales y el Gobierno) cambia la frase original del Código referida al "cierre de la empresa", por la frase: "paralización de las actividades productivas".

2. La suspensión de los efectos de los contratos de los trabajadores que la declaren o se adhieran a ella, así como de aquellos trabajadores que resulten afectador por la paralización de las actividades productivas.

En realidad, se interrumpen dos efectos básicos: la obligación de trabajar por parte de los trabajadores y la obligación de pagar el salario por parte del empleador (art. 198 y 199, num. 7).

3. Los propietarios, los directivos, el gerente general, el personal inmediatamente adscrito a estos cargos y los trabajadores de confianza según el artículo 84 del Código de Trabajo podrán ingresar a la empresa durante la huelga, siempre que ello no tenga como objeto la reanudación de las actividades productivas. El sindicato y los trabajadores en huelga quedarán relevados de cualquier tipo de responsabilidad en las áreas donde se permita el acceso al personal antes mencionado (art. 3, Ley 68).

4.El empleador no puede celebrar nuevos contratos de trabajo para la reanudación de los servicios suspendidos, salvo los que a juicio de la Dirección Regional o General de Trabajo sean necesarios (el Código decía: estrictamente necesarios) para evitar perjuicios irreparables a las maquinarias y elementos básicos, siempre que los huelguistas no autoricen el trabajo del personal necesario para esos fines (art. 3, Ley 68 de 2010).

Los trabajadores cuyos servicios se autoricen solo laborarán con fines de mantenimiento y no podrán ser utilizados para las labores de producción (art. 3, Ley 68 de 2010).

La Ley 30 autorizaba al empleador, sin la intervención de la autoridad administrativa de trabajo, a celebrar nuevos contratos de trabajo para la reanudación de los servicios suspendidos, siempre que a juicio de la Dirección Regional o General de Trabajo fueran necesarios para evitar perjuicios irreparables a las maquinarias y elementos básicos.

e) El empleador podrá pedir, dentro de las veinticuatro horas siguientes un conteo de los huelguistas para determinar provisionalmente si reúnen los requisitos de la mayoría. Para estos efectos, el gerente general, el personal inmediatamente adscrito a este cargo, el personal adscrito a los propietarios o los directivos, y los trabajadores de confianza, según el artículo 84 del Código de Trabajo, serán excluidos del conteo. Está de más decir que ni los propietarios ni los directivos de la sociedad son trabajadores.

Si no existiere dicha mayoría, el empleador no estará obligado a suspender las actividades productivas. Sin embargo, la huelga se considerará ilegal solamente cuando así se determine por la vía judicial mediante el procedimiento previsto en el Código de Trabajo (Capítulo VI, Título IV, Libro III).

Si se niega la petición de ilegalidad de la huelga o si se vence el término para pedir el conteo, el empleador estará obligado a suspender las actividades productivas, de acuerdo con lo anteriormente indicado (literales a) y b) de este apartado).

La paralización de las actividades productivas no admite recurso alguno, y sólo podrá invalidarse mediante el procedimiento de ilegalidad de la huelga (art. 494, C. de T., subrogado por art. 4, Ley 68 de 2010).

La negativa de la Dirección Regional o General de Trabajo a cumplir con la disposición prevista en el numeral 1 del artículo 493 o el conteo desfavorable hecho por la autoridad administrativa no implican la ilegalidad de la huelga. De ambas decisiones los trabajadores pueden pedir reconsideración o apelación.

El funcionario que se niegue expresa o tácitamente a cumplir con lo señalado en el párrafo anterior será sancionado con una multa de cien balboas quinientos balboas que le impondrá el Juez de Trabajo o el ministro del Ramo, de oficio o a petición de parte (art. 495, de C. de T., subrogado por el art. 5, Ley 68 de 2010).

La huelga decretada por *sindicato gremial* o por *sindicato industrial* produce los efectos jurídicos siguientes:

1. Solo produce la paralización de las actividades productivas en los establecimientos o negocios en que los huelguistas reúnan los requisitos señalados en el numeral 2 del artículo 476, es decir, que si se declara en una empresa con varios establecimientos o negocios, para dicha paralización es necesario el requisito de la mayoría, la cual será la que resulte del total

de trabajadores de la empresa; pero si se declara únicamente en unos o algunos de sus establecimientos o negocios, en cada uno de estos es necesaria la adhesión de la mayoría de los respectivos trabajadores, pero en todo caso no podrán contratarse trabajadores que reemplacen a los huelguistas, excepto en las situaciones expresamente señaladas en por el Código de Trabajo, según lo dispone el artículo 6 de la Ley 68 que subroga el artículo 497 del Código de Trabajo.

2. No podrán contratarse trabajadores (esquiroles) que reemplacen a los huelguistas, excepto en los casos expresamente señalados en la ley.

Para los efectos de la orden de paralización de las actividades productivas, la autoridad de trabajo solo verificará si fueron agotados los procedimientos de conciliación y si el aviso se dio en tiempo oportuno. Igualmente, el empleador podrá pedir, dentro de las veinticuatro horas siguientes, un conteo de los huelguistas, para determinar provisionalmente si reúnen los requisitos de mayoría, en el que no se tomará en cuenta a los trabajadores de confianza y a los otros cercanos al empleador antes mencionados. Si no existiere dicha mayoría no esta obligado a tal paralización, pero la huelga solo se considerará ilegal cuando así se determine mediante el procedimiento previsto en la propia ley. Si se niega la petición de ilegalidad o se venciere el plazo para presentarla en los tribunales, el empleador está obligado a la paralización de las actividades productivas del establecimiento.

La orden de paralización no admite recurso alguno y solo podrá invalidarse mediante el procedimiento de ilegalidad de la huelga.

La negativa a impartir la orden de paralización o el conteo desfavorable hecho por la autoridad administrativa no implica la ilegalidad de la huelga. De ambas decisiones los trabajadores pueden pedir reconsideración y apelación. El funcionario que se niegue expresa o tácitamente a impartir esta orden será sancionado con multa de cien a quinientos balboas que la impondrá el Juez de Trabajo o el Ministerio de Trabajo y Desarrollo Laboral, de oficio o a petición de parte.

En todo caso de huelga, incluyendo la decretada por *sindicato gremial* o por *sindicato industrial,* las reglas sobre el conteo de los huelguistas, así como los recursos de reconsideración y apelación de estos en relación con dicho conteo, están receptadas en el Decreto N.°32 de 10 de agosto de 1994, por el cual se reglamentan los artículos 487, 493 y 495 del C. de T.

Para los efectos de la prestación de los servicios necesarios, los trabajadores cuyos servicios se autoricen solo laborarán con fines de mantenimiento y no podrán ser utilizados para labores de producción. El empleador que viole esta disposición, será sancionado por la Inspección General o la Dirección General de Trabajo con multa de quinientos a mil quinientos balboas, la cual se duplicará sucesivamente por cada vez que reincida en la falta.

El artículo 13 del Decreto N.°32 de 10 de agosto de 1994 postula que, a reserva de la facultad de autorizar las labores de ciertos trabajadores durante la huelga, antes de su inicio, la Dirección General o Regional de Trabajo, a petición del empleador en la que indique los nombres y los cargos necesarios, procurará fijar, consultando con las partes, el número de trabajadores estrictamente necesarios e indispensables que laborarán con fines de mantenimiento, de modo de evitar perjuicios irreparables a las maquinarias y los elementos básicos.

Si los trabajadores huelguistas, plantea el artículo 14, no autorizan el personal que se requiera o el personal asignado no acceda a prestar sus servicios, la Dirección autorizará y determinará el número de nuevos contratos de trabajo que suplan y eviten perjuicios irreparables a los elementos básicos y las maquinarias de la empresa en huelga.

B. 1. ACOTACIÓN

La nueva normativa (Ley 68 de 2010) modifica la noción de *cierre de la empresa, del establecimiento o del negocio* afectado por la huelga, contenida por el Código de Trabajo, por la idea de *paralizaciónde las actividades productivas*, lo cual parece acorde con la queja de los empleadores ante la Organización Internacional del Trabajo en el sentido de que el cierre por huelga atentaba contra la libertad de empresa.

Resulta interesante determinar cómo se conjuga en la prácticatal preceptiva en el tema del sello que coloca el Ministerio de Trabajo y Desarrollo Laboral para establecer que las actividades productivas están paralizadas, si se toma en cuenta que los propietarios, los directivos, el gerente general, el personal inmediatamente adscrito a estos cargos y los trabajadores de confianza pueden ingresar a la empresa durante la huelga, siempre que ello no tenga como objeto la reanudación de tales actividades productivas.

El abogado laboralista Edilberto Méndez Rodríguez, ex director general de Trabajo, de dicho Ministerio, considera con razón "que la norma requiere reglamentación, tomando en cuenta que hay establecimientos y centros de trabajo en que la administración de la empresa está ubicada en un lugar donde el empleador tiene que pasar por el área de producción que hay que paralizar y no hay que olvidar que esta área queda bajo la responsabilidad de los huelguistas y cualquier problema que se genere allí, pueden acreditárselo a dichos huelguistas, para que el movimiento sea declarado ilegal."

C. DERECHOS DE LOS TRABAJADORES

Los *derechos* que se garantizan a los *huelguistas*, fuera del establecimiento, son:

1. El derecho a manifestación pacífica;

2, El derecho de propaganda entre sus compañeros y con el público, y el de utilizar carteles alusivos a sus reivindicaciones;

3. El derecho de establecer piquetes de propaganda y de vigilancia en los alrededores de los locales de trabajo; y

4. El derecho de colectar donativos.

D. DECLARATORIA PREVIA DE LEGALIDAD

La huelga se presume legal, sin embargo, antes de declararla y dentro de los cinco días siguientes a la fecha en que concluya la conciliación, los trabajadores pueden pedir a los tribunales de trabajo, conforme al artículo 448, que declaren lo siguiente:

1. Que se cumplió con el requisito de agotar el procedimiento de conciliación;

2. Que el conflicto cuenta con el apoyo del número suficiente de trabajadores para declarar una huelga legal; y

3. Que las quejas y las peticiones contenidas en el pliego, o algunas de ellas, son de las que permiten declarar una huelga legal.

Esta petición se tramitará según el procedimiento previsto para la declaración de ilegalidad de la huelga, en lo que le resulte aplicable.

Una vez hechas estas declaraciones, sólo se podrá pedir la ilegalidad de la huelga con base en circunstancias sobrevinientes.

La negativa por parte de los tribunales de trabajo en declarar que el conflicto está apoyado con el número suficiente de trabajadores para que la huelga sea legal no conduce a la ilegalidad de la huelga que posteriormente se declare, a menos que entonces los huelguistas tampoco obtengan la mayoría.

En todo caso, si el empleador desea que la huelga se declare ilegal, debe solicitarla en atención a lo prevenido en el artículo 499 del C. de T. y el procedimiento consagrado por el Capítulo VI del Título IV de su Libro III.

La petición previa de legalidad es facultativa y no es necesario que los trabajadores la formulen para que se entienda agotada la conciliación. El empleador no podrá pedir, antes de iniciada la huelga, que se hagan declaraciones contrarias a las que señala el artículo 448.

La petición de los trabajadores suspende el plazo para declarar la huelga. En efecto, desde su presentación deja de correr el plazo para declarar la huelga, el cual empezará a contarse nuevamente desde el momento en que quede ejecutoriada la resolución que decide el asunto.

VI. HUELGA ILEGAL

"Las huelgas ilegales -preconiza Guillermo Guerrero Figueroa- son las que se llevan a cabo en violación de las formalidades exigidas por el derecho positivo; se ejerce un derecho creado por el legislador sin ajustarse a las normas procesales preestablecidas, constituyendo, por lo tanto, un abuso en el ejercicio del derecho de huelga".[160]

En otras palabras, la *huelga ilegal* es aquella que no cumple los requisitos de fondo o los requisitos de forma. Además, en nuestro Derecho, la ilegalidad puede ocurrir cuando sobrevienen en el transcurso de la huelga actos de violencia física en contra de personas o propiedades.

A. CAUSAS DE ILEGALIDAD

En consecuencia, a la luz del artículo 498, podrá declararse ilegal una huelga cuando ocurra cualquiera de las siguientes circunstancias:

a) Si no reúne los requisitos que exigen los artículos 476, 477, 484, 487y 489, según sea el caso, los cuales han sido previamente explicados; o

b) Si en el transcurso de la huelga se cometen actos de violencia física en contra de personas y propiedades, acordados o ejecutados por la mayoría de los huelguistas, o con conocimiento de estos.

No podrá declararse la ilegalidad de una huelga por causas diversas de las anteriores. Al decidir la petición de ilegalidad no se examinará el fondo del conflicto, ni se considerará si las peticiones, las reclamaciones, las reivindicaciones o las protestas de los trabajadores son fundadas.

B. PROCESO DE ILEGALIDAD INCOADO POR EL EMPLEADOR Y CONSECUENCIAS DE LA DECLARACIÓN JUDICIAL

Este tipo de huelga debe ser así declarado por las autoridades jurisdiccionales de trabajo, a petición del empleador. La ilegalidad podrá pedirla el empleador una vez iniciada la huelga y hasta el término de tres días siguientes, con sujeción al procedimiento previsto en el Capítulo VI del Título IV del Libro III, por cualquiera de las causas señaladas en el artículo 498. Si no se solicita dentro del término expresado, será considerada legal para todos los efectos y con posterioridad solamente podrá pedirse lamisma por circunstancias sobrevivientes, pero la declaratoria que se haga únicamente provocará la ilegalidad de la huelga a partir de la fecha en que ocurrieron tales circunstancias.

En el escrito con que se pida la declaración de ilegalidad de la huelga se indicarán las causas en que se funde y los demás requisitos propios de una demanda. No podrán aducirse ni reconocerse posteriormente causas distintas de ilegalidad. La solicitud no esta sujeta a las reglas del reparto y de ella se dará traslado a cada una de las organizaciones de trabajadores que declararon la huelga o a los representantes de los huelguistas cuando

160. GUERRERO FIGUEROA, Guillermo. *Derecho Colectivo del Trabajo*. 3.ª edición, Editorial Temis, Bogotá, 1986, p. 167.

se trate de un grupo no organizado de trabajadores. En la resolución con que se ordene el traslado se fijará la fecha para audiencia en la cual se recibirán y practicarán pruebas y se oirá a las partes. La audiencia se celebrará en una fecha no menor de dos ni mayor de cuatro días a la fecha de la resolución que ordene su celebración.

No es necesario que los trabajadores contesten la demanda con la cual se pide la ilegalidad de la huelga, pero antes de la audiencia podrán presentar los escritos que estimen convenientes. En la audiencia el juez está facultado para interrogar a los representantes de los trabajadores y determinar los hechos alegados por el empleador que aceptan como ciertos.

Las pruebas deberán referirse a las causas de ilegalidad alegadas en la demanda y se practicarán en la audiencia salvo en casos excepcionales en que por su naturaleza no puedan practicarse en ella. El juez pedirá al Ministerio de Trabajo y Desarrollo Laboral toda la documentación relativa a la conciliación. Podrá, además, ordenar de oficio la práctica de las pruebas que estime pertinentes.

Se presume la autenticidad de las firmas de los trabajadores en los documentos de adhesión a la huelga que se presenten al tribunal. Igual regla rige con las firmas de los trabajadores que apoyen el pliego de peticiones, en cuyo caso se presumirán que han adherido a la huelga. En ambos casos queda a salvo en derecho del empleador para formular las impugnaciones que considere procedentes.

Igualmente se presume la veracidad de las afirmaciones de los trabajadores contenidas en el pliego de peticiones en cuanto al número de trabajadores de la empresa, establecimiento o negocio, que deben computarse para determinar la legalidad de la huelga. Esta presunción no admite prueba en contrario si el empleador no hubiese contestado el pliego o si al contestarlo no objetó la afirmación de los trabajadores. En ningún caso debe admitirse durante la conciliación prueba dirigida a desvirtuar la presunción referida al número de trabajadores que deben tomarse en cuenta para la huelga, pero el empleador podrá reiterar sus objeciones en el escrito con que pida la declaratoria de ilegalidad de la huelga y aportar los elementos de convicción que crea convenientes.

La sentencia deberá dictarse dentro de los dos días siguientes a la práctica total de las pruebas y se notificará por edicto.

Cuando el tribunal declara la ilegalidad de la huelga, en la misma resolución debe disponer lo siguiente:

1. Fijar a los trabajadores un término de veinticuatro horas para que se reintegren a su trabajo;

2. Apercibirlos de que, por el solo hecho de no acatar la resolución, el empleador puede dar por terminada las relaciones de trabajo respectivas, salvo en el caso de ausencia justificada;

3. Declarar que el empleador no ha incurrido en responsabilidad y que está en libertad para contratar nuevos trabajadores y reanudar el funcionamiento de la empresa, negocio o establecimiento; y

4. Que el empleador puede despedir sin responsabilidad alguna a los trabajadores que hubiesen incurrido en los actos de que trata el numeral 2 del artículo 498.

Los trabajadores podrán apelar la resolución que declara la ilegalidad de la huelga y la apelación les será concedida en el efecto suspensivo. Interpuesta la apelación, el Juez mediante proveído de mero obedecimiento, remitirá el expediente al Tribunal Superior, quien se declarará en sesión permanente y tendrá hasta el día siguiente para resolver el asunto.

No se concederá término para alegar, pero las partes podrán presentar los escritos que estimen convenientes en el Juzgado o en el Tribunal Superior.

Cuando el juez no acceda a la declaración de ilegalidad de huelga, condenará en costas al peticionario, que podrá presentar apelación en contra de la respectiva resolución, la cual se concederá en el efecto devolutivo. La apelación se tramitará de la manera prevista anteriormente.

C. SANCIÓN PARA QUIEN INCITE A HUELGA CONTRARIA A LAS DISPOSICIONES LEGALES DE TRABAJO

Toda persona que incite públicamente a que una huelga se efectúe contra las disposiciones legales de trabajo, será sancionada por la autoridad administrativa o jurisdiccional de trabajo con una multa de cincuenta a quinientos balboas, previa denuncia de la parte interesada (art. 518).

VII. HUELGA IMPUTABLE

El término imputable está en conexión con la culpa del empleador por el hecho huelguístico. O sea, explica el autor mexicano José de Jesús Castorena, "El término culpa lo tenemos que referir al concepto ordinario. Es decir, el patrono es culpable de la huelga cuando esta se declara por haber faltado a las obligaciones que tiene contraídas. En dos casos por lo menos, puede darse ese incumplimiento: uno, cuando viola el contrato colectivo de trabajo y la huelga tiene por objeto exigir su cumplimiento y el otro, cuando se niega a establecer condiciones justas de trabajo si lo permiten sus condiciones económicas".[161]

Por eso, Murgas Torrazza indica que la *huelga imputable* "se caracteriza porque su calificación, en parte por los supuestos que la provocan,

---

161. CASTORENA, José de Jesús. *Manual de Derecho Obrero*. 2.ª edición, México, p. 246, citado por DE LA CUEVA, Mario. *El nuevo Derecho Mexicano del Trabajo*. 8.ª edición, Tomo II, Editorial Porrúa, S. A., México, 1995, p. 608.

sí [...] entra a examinar la justicia de lo que piden los trabajadores".[162] "La justicia de la huelga - aclara Américo Plá Rodríguez- se relaciona con la justificación misma del propósito que se persigue mediante la huelga".[163]

La imputabilidad, en nuestro sistema jurídico, se vincula con la justicia, con la justificación de la causa contenida en las solicitudes formuladas por los trabajadores en el pliego de peticiones. Empero, también responde a situaciones irregulares constituidas por hechos graves cometidos por el empleador, antes o durante la conciliación o la huelga, que perjudican el derecho de la negociación colectiva o el derecho de huelga.

Las *causas de imputabilidad* son las siguientes:

1. Cuando la huelga decretada por violaciones a la convención colectiva, el arreglo directo, el laudo arbitral o las disposiciones legales, se fundamente en tales violaciones posteriormente comprobadas por los trabajadores en el proceso de imputabilidad (artículo 510, numeral 1);
2. Cuando el empleador no hubiere contestado el pliego de peticiones o hubiese abandonado la conciliación (artículo 510, numeral 2); y
3. Cuando el empleador desobedezca la orden de cierre, contrata rompe huelgas o de cualquier otra forma entorpezca grave o injustificadamente el libre ejercicio del derecho de huelga (artículo 511).

Para que proceda la declaratoria de imputabilidad, bastará que los trabajadores prueben el fundamento de uno de los motivos o los hechos antes mencionados, siempre que en los casos a que se refiere el artículo 510 numeral 1, el motivo hubiere sido invocado dentro del pliego de peticiones. El hecho de que el pliego contenga otros motivos o peticiones no afectará lo antes expuesto.

El sindicato o el grupo de trabajadores de que se trate tiene la personería para solicitar ante los Juzgados de Trabajo la imputabilidad de la huelga. La petición se tramita mediante el proceso abreviado de trabajo.

La imputabilidad de la huelga obliga al empleador al *pago de los salarios caídos* de los trabajadores afectados por la medida. En la resolución en que se declare esa imputabilidad se ordena este pago a todos los trabajadores, incluso a aquellos que no concurrieron o estuvieron representados en el proceso respectivo. La liquidación se verifica en la sentencia o en el procedimiento de ejecución, para los representados o que se presentaron al proceso. Lo expuesto no es aplicable a quienes hayan participado en una huelga por solidaridad.

Asimismo, declarada imputable la huelga al empleador, todo trabajador que participó y fue afectado por esta huelga, tendrá derecho a que se le paguen los salarios caídos en la forma antes prevista o mediante proceso ejecutivo abreviado de trabajo, sin que en este último sea necesario que se obtenga una nueva declaratoria de imputabilidad.

162. MURGAS TORRAZZA en AA. VV. *Op. cit.*, p. 186.
163. PLÁ RODRÍGUEZ, Américo. *"La huelga en Uruguay"*, en AA. VV. *Op. cit.*, p. 277.

Sobre el tema, la jurisprudencia confirma que "Cuando la huelga se declare imputable, es obligación del empleador pagar los salarios caídos a los trabajadores que participaron de la misma, y a la minoría que no participó".[164]

Por último, debe aclararse que toda huelga imputable es una huelga legal, pero no toda huelga legal es imputable. En efecto, como presupuesto *sine qua non* de la huelga imputable es el cumplimiento de los requisitos de fondo y de forma indicados en la legislación, de modo que si falta uno de ellos la medida nunca podrá ser declarada imputable al empleador. En cambio, la huelga puede ser legal, pero no imputable al empleador, pues a pesar de ajustarse a los requisitos materiales y formales, no concurren los supuestos de ley que la convierten en imputable y que, por lo tanto, obligan al empleador a pagar los salarios caídos, es decir, los salarios concernientes al período que duró la suspensión de los efectos principales de los contratos de trabajo.

VIII. HUELGA POR SOLIDARIDAD

La huelga en respaldo a otra es la *huelga por solidaridad*, la cual "tiene por objeto apoyar una huelga legal declarada por otro grupo de trabajadores" (art. 483).

La huelga por solidaridad, también denominada por la doctrina *huelga de apoyo, por simpatía* o *huelga indirecta*, no implica el reclamo de pretensiones al empleador, pese a que la medida se activa en contra de él y a la inexistencia de conflicto interpartes. En ella "participan trabajadores ajenos al conflicto laboral. Con la terminación favorable de los sujetos directos, no adquieren beneficios los que intervienen en la huelga por solidaridad"[165].

Esta huelga produce idénticos efectos que la huelga directa y está sujeta a los mismos requisitos legales, aunque no es necesario agotar el procedimiento de conciliación.

Mientras que la huelga directa puede declararse por tiempo determinado o por tiempo indefinido, siempre que en esta hipótesis la suspensión del trabajo sea temporal y no definitiva, la huelga por solidaridad sólo puede ser declarada por una sola vez y hasta por dos horas.

Esta clase de huelga únicamente están facultados para declararla los trabajadores pertenecientes a la misma rama o actividad económica o a la misma profesión u oficio, en centros de trabajo ubicados en un mismo distrito, a menos que se trate de establecimientos, negocios o explotaciones, pertenecientes a un mismo empleador o empresa.

---

164. Sentencia de 13 de diciembre de 1995, Sindicato de Tipógrafos vs. Industrial. Sala Tercera de la Corte Suprema de Justicia.
165. GUERRERO FIGUEROA. *Op. cit.*, p. 164.

La huelga por solidaridad no genera el derecho a percibir los salarios caídos, ni aun cuando la huelga que fue respaldada sea declarada imputable al empleador respectivo por la autoridad jurisdiccional de trabajo.

IX. HUELGA EN ACTIVIDADES DE SERVICIO PÚBLICO

En las *actividades de servicio público* el móvil principal es el servicio a la comunidad, aunque de ellas podrían derivarse ganancias para quien lo presta.

Francisco Lanfont define el *servicio público* como "la actividad que presta el Estado directamente o por intermedio de los particulares, que tiene por objeto el bienestar de la comunidad."[166]

En este sentido, el artículo 439 del Código Sustantivo del Trabajo de Colombia considera el servicio público como "toda actividad organizadaque tienda a satisfacer necesidades de interés general en forma regular y continua, de acuerdo con el régimen jurídico especial, bien que se realice por el Estado directa o indirectamente o por personas privadas".

El Código de Trabajo de Panamá garantiza el derecho de huelga de los trabajadores de las empresas de servicio público, con las restricciones correspondientes, en consonancia de lo dispuesto en el artículo 69 de la Constitución Política, que en su frase final autoriza a la ley para someter dicho derecho a restricciones especiales en los servicios públicos que ella determine.[167]

Esta huelga puede ser sometida por la Dirección General de Trabajo a arbitraje obligatorio, después que haya comenzado. Igualmente, procede este cuando dicha Dirección establezca que, por la duración de la huelga, se han deteriorado gravemente las condiciones socioeconómicas de los habitantes de la región o del país. La decisión es apelable, en el efecto devolutivo, ante el ministro de Trabajo y Desarrollo Laboral, quien resolverá sin intervención de las partes. La resolución que decida someter el conflicto a arbitraje, ordenará inmediatamente la suspensión de la huelga (art. 452).

En el mundo se discute si este derecho puede ser ejercido por los servidores públicos que prestan estos servicios o, en general, por los servidores públicos.[168] Sobre este particular, Jean-Claude Javillier

166. LAFONT. *Op. cit.*, p. 179.

167. La Corte Suprema de Justicia, mediante sentencia de 7 de marzo de 1950, declaró inconstitucional el artículo 321 del Código de Trabajo de 1948, que prohibió la huelga en los servicios públicos, por ser contrario al artículo 68 de la Constitución Política de 1946. A pesar de este precedente, el criterio dominante en las esferas oficiales (Procuraduría General de la Nación, Procuraduría de la Administración, etc.), consistió en que los servidores públicos no tenían derecho de huelga (cfr. BENAVIDES, Víctor. "El derecho de huelga de los servidores públicos en Panamá", en *Boletín de Informaciones Jurídicas* N.° 23, Centro de Investigación Jurídica, Facultad de Derecho y Ciencias Políticas, Universidad de Panamá, año XI, julio-diciembre, Panamá, 1985, pp. 23-44).

168. En Europa "La Carta Social Comunitaria [...] permite la exclusión del derecho, por la legislación nacional, en relación con 'las fuerzas armadas, la policía y los funcionarios públicos' (art. 14), si bien la OIT ha estado determinada a permitir la excepción de los derechos de libertad sindical de la policía y de las fuerzas armadas (Convenio 87, art. 9), pero no así del conjunto de los funcionarios civiles del Estado.

identifica tres tipologías en el tratamiento legislativo de la huelga en el sector público: 1. *La prohibición de la huelga*: que "Sin duda es el régimen jurídico que parece a primera vista el más simple, el cual rehúsa toda clase de procedimientos de lucha individual o colectiva a los funcionarios, a los agentes de los servicios públicos. La prohibición de la huelga va acompañada de sanciones penales"[169]; 2. *La tolerancia de la huelga*: "En el marco de este régimen, el derecho no interviene directamente para eliminar los procedimientos de lucha. El los ignora, o por lo menos pretende `positivamente´ no tratarlos. A este respecto, puede que no exista ninguna derogación de los regímenes existentes en materia de ejecución del trabajo, de disciplina, de responsabilidad civil o penal. Cada cual, entonces, puede medir la distancia que puede separar la prohibición de la tolerancia. Aquel que cesa el trabajo, principalmente, no se expone a ninguna sanción específica"[170]; y 3. *El reconocimiento de la huelga*: "En este último régimen el legislador y los jueces tratan la huelga específica y positivamente. De manera concreta, esto quiere decir que el principio, la regla, es la libertad de ejercicio y la excepción, la limitación. Es decir, que los trabajadores que recurren a un procedimiento de lucha no cometen en absoluto, al actuar de esa manera, una falta disciplinaria o contractual. Ellos no pierden, entonces, ninguna de sus garantías estatutarias o contractuales, debiendo proseguirse todos los procedimientos que se aplican habitualmente. La nocividad del procedimiento de lucha utilizado es en sí admitido a priori, al menos en parte. En consecuencia, a continuación de una huelga, no se puede dar curso a ningún procedimiento en que se ponga en juego la responsabilidad particular".[171]

Debe recordarse que, en nuestro país, el citado artículo 69 de la Carta Magna permite la huelga de los trabajadores en los servicios públicos, sin distinguir si estos son prestados por empresa particular o por el Estado.[172]

Sólo se le puede someter por ley a restricciones especiales en atención a su naturaleza. El C. de T., en su artículo 485, por el uso terminológico, da la impresión, *prima facie*, que el derecho se desarrolla exclusivamente para los trabajadores del sector particular, cuando expresa textualmente que "Los trabajadores de las empresas que se mencionan en el artículo siguiente podrán hacer uso del derecho de huelga, sujetándose a

---

[...]. Conforme al Convenio de la OIT, el derecho de huelga de los funcionarios públicos puede ser denegado, pero sólo si está *'limitado a los funcionarios públicos que actúen en su capacidad como agentes del poder público y respecto de servicios que pondrían en peligro la vida, la seguridad personal o la salud de toda o parte de la población'"* (LORD WEDDERBURN. *Op. cit.*, pp. 386 y 387).

169. JAVILLIER, Jean-Claude. *"La huelga en el sector público. Reflexiones a partir del Derecho Comparado"*, en *Revista de Ciencias Jurídicas* N.°50, Universidad de Costa Rica, Facultad de Derecho, Colegio de Abogados, San José, mayo-agosto, 1984, p. 45.

170. *Ibidem*, p. 47.

171. *Ibidem*, p. 48.

172. La noción de *Estado* se utiliza aquí como sinónimo de *Gobierno*.

los requisitos mínimos señalados para la huelga de los demás trabajadores y a las disposiciones de este Capítulo" (Capítulo III). Aunque no puede olvidarse que el Estado ha sido y es hoy en reducida medida por el fenómeno de la privatización, propietario de empresas y, por lo tanto, las mismas son empresas estatales; de modo que la disposición legal abarca a sus trabajadores.

En cuanto a los servidores públicos que laboran en los Ministerios de Estado y las Instituciones Autónomas o Semiautónomas, no ha existido una regulación legal, salvo la Ley 8 de 25 de febrero de 1975, relativa a las relaciones laborales que rigieron a los servidores públicos de los entonces Instituto de Recursos Hidráulicos y Electrificación e Instituto Nacionalde Telecomunicaciones, que su artículo 141 subordinaba la huelga a las disposiciones del C. de T. en lo que no fuera contrario a la letra y al espíritu de ella, pero que en su artículo 142 establecía el arbitraje obligatorio para los conflictos colectivos. La ley vigente, de no vieja data, es deficiente, pues deja de comprender los requisitos y las condiciones necesarias para el ejercicio efectivo de este derecho constitucional. La única mención de laLey 9 de 20 de junio de 1994, por la cual se establece y regula la carrera administrativa y aplicable en este campo a todos los servidores públicos, aparece en el artículo 185, ubicado dentro del Capítulo II (La Solución de los Conflictos Colectivos), del Título VIII (Las Asociaciones de Servidores Públicos y la Solución de los Conflictos Colectivos), que establece el deber, en caso de un conflicto colectivo por razón del servicio entre la institución correspondiente y la Asociación de Empleados de la misma institución, de prestar los servicios mínimos si la huelga se declara legal.

Los trabajadores de la Autoridad del Canal de Panamá tienen por ley prohibido ejercer el derecho de huelga. En efecto, el artículo 92 de la Ley 19 de 1997, sobre el régimen jurídico de estos trabajadores, prohíbe la huelga, el trabajo a desgano y cualquier otra suspensión injustificada delas actividades canaleras. Esta ley se ha fundamentado en los artículos 315 y 322, de la Constitución Política, que establecen el mandato de que el Canal permanecerá abierto en tránsito pacífico e ininterrumpido de las naves, dado su carácter de servicio público internacional.

El Código de Trabajo entiende por *servicios públicos* los de comunicaciones y transportes, los de gas, los de luz y energía eléctrica, los de limpia y los de aprovisionamiento y distribución de aguas destinadasa los servicios de las poblaciones, los sanitarios, los de hospitales, losde cementerios y los de alimentación cuando se refieran a artículos de primera necesidad, siempre que en este último caso se afecte alguna ramacompleta del servicio.

El servicio de transporte se refiere al transporte público aéreo y marítimo de pasajeros, al cual se le aplican también las disposiciones comprendidas en la legislación laboral y, en especial, "las normas contenidas en el Capítulo III del Título IV, del Libro Tercero del Código de Trabajo, referente a 'la Huelga en los Servicios Públicos'" [arts. 1° y 2°, del Decreto Nº 25, de 5 de junio de 2009, "Por el cual se reglamentan los artículos 486 y 487 del Decreto de Gabinete No. 252 de 1971 (Código de Trabajo), modificado por la Ley 44 de 1995"].

La Ley 9 de 1994 emplea la expresión *servicios públicos esenciales* y ellos son: servicio de suministro de alimentos, transporte, correos y telégrafos, registro civil y público, de suministro de agua, electricidad y telecomunicaciones, así como entidades de recaudación de ingresos públicos de cualquier naturaleza (ya sean de recaudación de ingresos nacionales o municipales), de control de navegación aérea y de bomberos.

En primer lugar, deben precisarse los alcances de las locuciones servicio público y servicio público esencial. De acuerdo con Mario Pasco Cosmópolis, "Servicio público es el género; servicio esencial es la especie del mismo. De allí que no todo servicio público sea esencial, pero en cambio todo servicio esencial sea necesariamente público".[173] Es decir, la noción de servicio público tiene mayor amplitud que la noción de servicios esenciales y por eso la Organización Internacional de Trabajo restringe estos a los que su "interrupción podría poner en peligro la vida, la seguridad o la salud de las personas en toda o parte de la población."[174]

En segundo lugar, debe destacarse que tanto el Código como la Ley 9 no establecen una noción general de servicio público o de servicio público esencial. Ambos elaboran un listado de tales servicios[175]. Dichas excertas, en la enumeración de estos servicios, exceden el marco de la definición de *servicios esenciales* que brinda la Organización Internacional del Trabajo, observación que atinadamente formula Murgas Torrazza a propósito del Código y que es también procedente a propósito de la Ley 9. [176]

Por otro lado, la comunicación de la declaratoria de huelga, según el artículo 487 del Código, debe hacerse por lo menos con ocho días calendario de anticipación y los huelguistas deberán comunicar a la

173. PASCO COSMÓPOLIS, Mario. "La huelga en Perú", en AA. VV. *Op. cit.*, p. 222, citado por AMORIN E SOUZA, Ronald. "Aspectos del derecho de huelga en las actividades esenciales", en AA.VV. *XIII Congreso Iberoamericano de Derecho del Trabajo y la Seguridad Social* (Ponencias). Tomo I, Panamá, 1998, p. 236.

174. OIT. *La Libertad Sindical.* 3.ª edición, Ginebra, p. 80, citada por MURGAS TORRAZZA en AA. *Op. cit.*, p.193.

175. Geraldo VON POTOBOSKY revela que existen tres sistemas para identificar los servicios públicos esenciales o servicios esenciales, a saber: 1. El sistema de la definición general, que comprende los criterios que permiten determinar estos servicios y que puede estar acompañado de una lista, taxativa o abierta, de actividades o servicios; 2. El sistema de la lista, cerrada o abierta, de los servicios esenciales; y 3. El sistema de la designación específica de un servicio en calidad de esencial, con carácter permanente o ad hoc ("La huelga en los servicios esenciales", en AA. VV. *La Huelga un Estudio Internacional.* Universidad Centrooccidental Lisandro Alvarado, Barquisimeto, 1992, pp. 140 y 141).

176. MURGAS TORRAZZA en AA. VV. *Op. cit.*, p. 193.

Dirección Regional o General de Trabajo cuáles son los turnos de urgencias en los centros afectados por la huelga, para que estos no se paralicen en forma total. Dichos turnos se fijarán entre el veinte y el treinta por ciento del total de trabajadores de la empresa, el establecimiento o el negocio de que se trate o en los casos de huelga gremial, de los trabajadores de la misma profesión u oficio dentro de cada empresa, establecimiento o negocio.

La Dirección General o la Dirección Regional de Trabajo podrá elevar hasta el treinta por ciento el número de trabajadores que sirvan esos turnos cuando estime insuficiente el porcentaje inferior acordado por los huelguistas.

El Decreto Ejecutivo Nº 26, de 5 de junio de 2009, "Por el cual se establecen los parámetros a tomar en consideración en relación con el porcentaje de trabajadores que laborarán en los turnos de los servicios públicos durante la huelga en estos, de acuerdo con lo establecido en el artículo 487 del Código de Trabajo" estableció que en los casos en que los trabajadores de un servicio público en huelga hayan fijado una cantidad insuficiente de trabajadores para prestar o cubrir los servicios en turnos de urgencia a que se refiere el artículo 487 del Código de Trabajo, el Ministerio de Trabajo y Desarrollo Laboral podrá asumir la medida de aumentar el porcentaje de trabajadores hasta dicho treinta por ciento permitido por la norma, pero debe justificarla con criterios tales como:

1. "Que se trate de una situación en los que ponga en riesgo la vida, la seguridad y la salud de la población;

2. Que en el caso de mantenerse las condiciones originarias de provisión de servicios designada por los trabajadores, se pudieren afectar gravemente las condiciones normales de vida de los ciudadanos y/o crear una crisis económica, social o política de graves consecuencias.

3. Que se ponga en peligro la existencia de la fuente de empleo de los trabajadores y de la empresa".

Tal como lo dispone el parágrafo del artículo 13 del Decreto N.°32 de 10 de agosto de 1994, que reglamenta los artículos 487, 493 y 495 del C. de T., la Dirección General o la Regional de Trabajo debe especificar los turnos de urgencia en los centros afectados por la huelga para evitar su paralización total.

La decisión adoptada por la autoridad será de cumplimiento inmediato.

En las entidades públicas, según la Ley 9, los servidores públicos están obligados a prestar los servicios mínimos en caso de que la huelga se declare legal, conforme antes se informara. Para la prestación de estos servicios, debe mantenerse, en las unidades administrativas correspondientes, no menos del veinticinco por ciento del personal que labora normalmente. Cuando se trate de entidades que presten servicios públicos esenciales, se garantizará el cincuenta por ciento del personal que labora normalmente en ellas, salvo que las leyes especiales establezcan otra medida.

Al comenzar la huelga, los buques, las aeronaves, los trenes, los autobuses y los demás medios de transporte que se encuentren en ruta, deberán conducirse a su pronto destino.

El Estado está facultado para asumir la dirección y la administración de los servicios públicos, a cargo de las empresas particulares, por el tiempo indispensable para evitar perjuicios a la comunidad.

X. HUELGA POLÍTICO-SOCIAL

La *huelga profesional,* reconocida implícitamente por el Código es aquella dirigida contra el empleador con finalidad económica o con finalidad jurídica, mientras que es necesario decir que la *huelga político-social* no se encuentra dentro de las previsiones legales. Sin embargo, la realidad supera la legislación y lo cierto es que en nuestro país han ocurrido huelgas de este matiz, con duración de uno, dos o más días que han obligado a las autoridades jurisdiccionales a pronunciarse, aunque sea por vía indirecta, sobre su legitimidad o no, pues el tema de discusión central del proceso fue el desafuero del trabajador por ausencias injustificadas.

Preferimos utilizar la terminología: *huelga político-social*, en defecto de *huelga política*, debido a que el movimiento está impulsadopor cualquier asunto económico o social que, directa o indirectamente, inmediata o mediatamente, atañe a la clase trabajadora. La expresión *huelga política*, empleada por un sector importante de la doctrina, podría inducir a equívocos, pues conduciría a pensar que las organizaciones de los trabajadores persiguen algún propósito de política partidista, materia reservada a los partidos políticos. La expresión *huelga político-económica* parece restringida porque deja de incluir muchas pretensiones sociales que desbordan los exclusivos intereses económicos de los trabajadores.

En la huelga político-social, aunque los empleadores resultan afectados por la suspensión de labores, la acción va enderezada hacia los poderes públicos para obtener cualquier medida legislativa, ejecutiva o judicial que beneficie a los trabajadores en su conjunto o para la derogación de aquélla que los perjudique. Se trata de una manifestación de los trabajadores como clase en la búsqueda de mejores condiciones de vida, de salud, de educación, de trabajo, etc., del otorgamiento o del incremento de los derechos laborales, o de la defensa de los ya existentes. Es decir, se trata en el fondo de la promoción o la salvaguardia de los intereses económicos y sociales comunes a los trabajadores cuando corresponde resolver las peticiones a los Órganos del Estado y no a los empleadores.

A este respecto se rememoran las huelgas contra la Ley 95 de 31 de diciembre de 1976 y la Ley 1 de 17 de marzo de 1986, que cercenaron relevantes conquistas de los trabajadores del país, en materias de condiciones de trabajo y derechos subjetivos, otorgadas por el C. de T. de 1972. Estas huelgas generales también tuvieron como mira las leyes agrarias y las industriales, que se pretendían promulgar o ya dictadas en perjuicio directo de estos sectores sociales y en perjuicio indirecto de la clase obrera.

Por razón de los días de inasistencia al trabajo, en virtud de estas huelgas, algunos empleadores solicitaron el desafuero de directivos sindicales para luego proceder a su despido justificado. De ahí que resulte interesante examinar brevemente los argumentos esbozados en los pronunciamientos contradictorios de la Sala Tercera de la Corte Suprema de Justicia y de los Tribunales de trabajo sobre la naturaleza de esas ausencias en virtud de la suspensión general y concertada de las labores.

El primer precedente de la Sala Tercera data del 3 de agosto de 1978 referido a un trabajador, directivo sindical, despedido participar en "Huelga Nacional acaecida [...], y que no tuvo otro objetivo que intentar detener las reformas que se pretendían hacer a las Leyes [...] Laborales".

En grado de apelación, el Tribunal Superior de Trabajo calificó las ausencias de injustificadas, pues la alegación de que la huelga del CONATO era un hecho notorio no resultaba admisible a la luz del Derecho, por cuanto que, si bien es cierto existió el "movimiento de paralización de labores en el país", no es menos cierto "que no forma parte de un movimiento huelguístico que llene los requisitos mínimos y bases esenciales que para tal efecto consagra el capítulo V del Libro IV del Código de Trabajo sobre Huelgas". En cambio, la Sala Tercera, ante recurso de casación, decidió lo contrario y casó la sentencia porque el trabajador estaba cumpliendo con su función sindical al participar en la huelga, a la que le reconoce implícitamente legitimidad por ese conducto; además del hecho de que el empleador no obtuvo autorización judicial para el despido. Según ella, "el recurrente sí justificó sus ausencias al centro de trabajo, por cuanto la huelga nacional de la CONATO, organización a la cual el mismo forma parte, fue un hecho evidente de conocimiento general". Acudió en auxilio del artículo 128, numeral 26, del Código de Trabajo para decir: "De la norma antes transcrita, se desprende que no será causa de despido el hecho de que el trabajador se ausente de sus labores cuando se trata del desempeño de una función sindical, siempre que ello no afecte el desarrollo de las labores del establecimiento." En consecuencia, "el señor [...] Graell no incurrió en incumplimiento de sus labores al ausentarse de la empresa, ya que estaba cumpliendo una función sindical, que por ser tal, se encuentra amparada por el Código de Trabajo".[177]

177. CENTRO DE INVESTIGACIÓN JURÍDICA. *Jurisprudencia de Casación Laboral* (Recensiones de Oscar Vargas Velarde). 2.ª edición, Universidad de Panamá, Facultad de Derecho y Ciencias Políticas, Panamá, 1991, pp. 45-48.

La Corte Suprema de Justicia, por la vía de declarar justificadas las ausencias del trabajador, en función del cumplimiento de una tarea sindical, no estaba ensayando otra fórmula que la de considerar tácitamente la legitimidad la huelga general promovida y ejecutada por el Consejo Nacional de Trabajadores Organizados (CONATO), con lo cual habría de inferirse como corolario su legalidad. Esta es la conclusión lógica e inevitable de ese fallo de nuestro más alto tribunal de justicia, pues como anota certeramente Antonio Ojeda Avilés, "El efecto primario y sustancial del ejercicio del derecho de huelga consiste en calificar la ausencia como justificada en grado mínimo, es decir, como una causa lícita para suspender las prestaciones fundamentales de la relación laboral, trabajo y salario, mientras dure su incidencia".[178]

El segundo precedente data del 19 de agosto de 1982. En el proceso, Eterna S. A., le imputaba al trabajador, directivo sindical, el haber faltado injustificadamente el 28 de enero y el 4 de febrero de 1980, es decir, dos lunes en el curso de un mes. El 28 correspondió a la huelga realizada en contra de la Ley 95 de 1976. El juez seccional de Trabajo dictó su fallo basado en las tarjetas de tiempo y el informe del perito, quien practicó una inspección en los libros y los archivos de la empresa, admitiendo la existencia de la falta imputada al trabajador. El Tribunal Superior de Trabajo, en cambio, "consideró que no se había acreditado la inasistencia injustificada en uno de esos días, esto es, el 28 de enero de ese año, porque ello ocurrió por la huelga a nivel nacional, auspiciada por la Central Nacional de Trabajadores Panameños y otros sindicatos como una medida de presión en contra de la Ley 95, y por considerar que en esos casos, de acuerdo con el ordinal 1 y 2 del artículo 507, sólo después de declarada ilegal la huelga y que hayan transcurrido 24 horas sin que los trabajadores se reintegren a sus trabajos, es que puede el empleador dar por terminada la relación de trabajo, a no ser que el trabajador justifique por otra causa su ausencia". Por el contrario, la Sala Tercera de la Corte, invocando el artículo 127, numeral 2, del Código, que prohíbe a los trabajadores faltar al trabajo sin justa causa o sin permiso del empleador y el artículo 199, numerales 6 y 7, sobre la suspensión temporal de los efectos de los contratos por licencia (o permiso) o por huelga legal, respectivamente, expresó que "De acuerdo con lo normado se suspenden los efectos del contrato sin responsabilidad para el trabajador si éste obtiene un permiso de su empleador para ausentarse de la empresa, o cuando el trabajador abandona el lugar de trabajo en virtud de una huelga que se hubiese decretado cumpliendo la forma prevista en la Ley". Por lo tanto, "En el caso en estudio, el trabajador

---

178. OJEDA AVILÉS, Antonio. *Compendio de Derecho Sindical.* Editorial Tecnos, Madrid, 1998, p. 234.

no compareció ese lunes 28 de enero de 1980 por haber obtenido permiso de su empleador, ni ha sido probado en el proceso que la aludida huelga fue declarada en la forma prevista en la Ley"; de ahí entonces que sean "injurídicas las consideraciones del Tribunal para dar por justificada la ausencia del trabajador en ese día lunes".[179]

En este fallo la Corte, en contradicción con la sentencia anterior, deslegitimó la huelga, pues llegó a derivar infracción por parte de sus convocantes de las normas legales, aunque el propio C. de T. presume su legalidad hasta que no se declare lo contrario mediante el proceso respectivo y no aparece en el expediente la constancia de la sentencia ejecutoriada del proceso de ilegalidad.

El tercer precedente es del 22 de enero de 1988. En el proceso la sociedad Mizrachi y Cía., intentó el desafuero del trabajador, directivo sindical, debido a sus ausencias ocasionadas por su participación en la huelga general indefinida,[180] que decretó el CONATO, "con el propósito de persuadir al Gobierno Nacional a que retirara de la Asamblea Legislativa los tres proyectos de ley, impuestos por el Fondo Monetario Internacional y el Banco Mundial, que implicaban reformas sustanciales al Código de Trabajo, a la Ley de Incentivos al Agro y a la Industria Nacional."[181] El Juzgado Primero de Trabajo de la Primera Sección autorizó el despido solicitado y el Tribunal Superior de Trabajo confirmó la decisión del inferior y ésta fue objeto del recurso de casación. La Sala Tercera de la Corte casó la sentencia y en la parte considerativa dejó expresado que la actividad huelguística del trabajador, que implicó su ausencia del centro de trabajo, se justificaba, pues estaba cumpliendo con una comisión sindical. En este orden de ideas, expuso: "En cuanto al primer cargo hecho al fallo del Tribunal Superior de Trabajo, de que es violatorio del artículo 128, numeral 26 del Código de Trabajo, señaló la Sala, que del examen de las constancias procesales se desprende que el trabajador sí justificó las ausencias en que incurrió, por cuanto fue un hecho de conocimiento general, la huelga decretada por CONATO, además de que tal como dispone el artículo en mención, son obligaciones de los empleadores, a partir de las que surjan del contrato, permitir a los trabajadores faltar a sus labores, para desempeñar cualquier comisión sindical". Y concluyó: "En el caso que nos ocupa, el trabajador como miembro del Sindicato de Trabajadores de las Casas Mayoristas y Afines de la República de Panamá, estaba cumpliendo una función sindical, por lo que no prospera el cargo alegado por el casacionista".

En este pronunciamiento la Corte Suprema de Justicia regresó al enfoque primigenio consignado en el primer fallo citado, con la variante de

179. *Ibidem*, pp. 48 y 49.
180. La duración de esta huelga fue de diez días. Comenzó el 10 de marzo y concluyó el 19 del mismo mes, a las doce de la noche, de 1986. Cfr. CONATO. *Comunicado a los trabajadores, al campesinado, al pueblo en general*. Panamá, 19 de marzo de 1986, p. 1.
181. *Ibidem*, pp. 1 y 2.

que la huelga en esta ocasión, rebasó el marco laboral, pues su contenido tenía mayor amplitud socio-económica, en la medida en que no sólo estaba dirigida contra la reforma del Código de Trabajo, sino también contra la reforma de las leyes agrícolas y las leyes industriales.

Este criterio fue ratificado por la Sala Tercera de la Corte, mediante fallo de 28 de enero de 1988 (La Victoria, S.A. vs. Mojica), fallo de 11 de febrero de 1988 (La Victoria, S.A. vs. Sanjur), fallo de 24 de febrero de 1988 (La Victoria, S.A. vs. Martínez), fallo de 9 de mayo de 1988 (Droguería Arrocha, S.A. vs. Meléndez), fallo de 25 de mayo de 1988 (La Victoria, S.A. vs. Martínez), fallo de 26 de mayo de 1988 (Compañía Internacional de Ventas vs. Santos) y fallo de 30 de mayo de 1988 (Droguería El Javillo vs. Martínez).

GUÍA DE ESTUDIO

1. Explique la huelga desde el punto de vista doctrinal.
2. Explique la definición legal de la huelga.
3. ¿En qué consiste la huelga legal y cuáles son sus requisitos de forma y de fondo?
4. ¿Qué se entiende por huelga ilegal y cuáles son sus causas?
5. ¿Qué se entiende por huelga imputable?
6. ¿Qué es la huelga por solidaridad?
7. ¿Cuáles son las características principales de la huelga en los servicios públicos?
8. ¿Qué se entiende por huelga político-social?

BIBLIOGRAFÍA

AA.VV. *Comentarios a la ley orgánica del trabajo y su reglamento.* Tomo I, 3.ª edición. Coordinador: Oscar Hernández Álvarez. Jurídicas Rincón, Caracas, 2001.

AA. VV. *Derecho del Trabajo actual.* Universidad Externado de Colombia, Bogotá, 2012.

AA.VV. *Derecho Laboral en Iberoamérica.* Dirección de Baltasar Cavazos Flores, Editorial Trillas, México, 1981.

AA.VV. *Instituciones de Derecho del Trabajo y de la Seguridad Social* (Coordinadores: Néstor de Buen y Emilio Morgado Valenzuela), Academia Iberoamericana de Derecho del Trabajo y Universidad Nacional Autónoma de México, México, 1997 (en http: www.bibliojuridica.org/libros/ 1/139/34. pdf.).

AA. VV. *La huelga un estudio internacional.* Universidad Centrooccidental Lisandro Alvarado, Barquisimeto, 1992.

AA. VV. *Lecciones de Derecho Laboral.* Editorial Temis, Bogotá, 1986._

ALBURQUERQUE, Rafael. *Derecho del Trabajo.* Tomo I, Editorial Lozano, Santo Domingo, 1997.

________*Derecho del Trabajo.* Tomo II, Editora Lozano, Santo Domingo, D. N., 1997.

ALFONZO GUZMÁN, Rafael. *Nueva didáctica del Derecho del Trabajo.* 5.ª edición, Publicaciones de la Universidad Católica Andrés Bello, Caracas, 1976.

ALONSO GARCÍA, Manuel. *Curso de Derecho del Trabajo.* 5.ª edición, Editorial Ariel, Barcelona, 1975.

ALONSO OLEA, Manuel y CASAS BAAMONDE, María Emilia. *Derecho del Trabajo.* 16.ª edición, Facultad de Derecho, Universidad Complutense, Madrid, 1995.

AMORIN E SOUZA, Ronald. *"Aspectos del derecho de huelga en las actividades esenciales"*, en AA.VV. *XIII Congreso Iberoamericano de Derecho del Trabajo y la Seguridad Social* (Ponencias). Tomo I, Panamá, 1998.

ARÉVALO VELA, Javier. *"El Derecho Colectivo de Trabajo"*, en revista *Lex* N.º 20, año XV, Facultad de Derecho y Ciencia Política, Universidad Alas Peruanas, Lima, 2017.

AYALA MONTERO, Carlos. *"El caso de Panamá"*, en AA.VV. Las organizaciones sindicales centroamericanas como actores del sistema de relaciones laborales. Juan Manuel Sepúlveda Malbrán, editor y coordinador de estudios, Oficina Internacional del Trabajo, Oficina de actividades para los trabajadores, San José, 2003.

BENAVIDES, Víctor. *"El derecho de huelga de los servidores públicos en Panamá"*, en *Boletín de Informaciones Jurídicas* N° 23, Centro de Investigación Jurídica, Facultad de Derecho y Ciencias Políticas, Universidad de Panamá, año XI, julio-diciembre, Panamá, 1985.

BIELSA, Rafael. *Derecho Administrativo*. Tomo II, sexta edición, La Ley, Sociedad Anónima, Buenos Aires, 1980.

BOUZAS ORTÍZ, José Alfonso. *Derecho Colectivo y Procesal del Trabajo*. (Colaboración de Germán Reyes Gaytán). 2.ª edición, Colección Textos Jurídicos, Iure Editores, México, 2017.

CABANELLAS, Guillermo y RUSSOMANO Mozart, Víctor. *Los conflictos colectivos de trabajo y su solución*. Editorial Heliasta, Buenos Aires, 1979.

CABANELLAS, Guillermo. *Compendio de Derecho Laboral*. Tomo II, Bibliográfica Omeba, Editores-Libreros, Buenos Aires, 1968.

________*Derecho Sindical y Corporativo*. Bibliográfica Argentina, Buenos Aires, 1959,

CÁCERES CASTELLANOS, Edgardo. *Derecho del Trabajo hondureño*. Editorial Sofía, S. de R. L., Tegucigalpa, 1992.

CALDERA, Rafael. *Derecho del Trabajo*. Tomo I, 2.ª edición, 3.ª reimpresión, Librería El Ateneo, Buenos Aires, 1972.

CAMPOS RIVERA, Domingo. *Derecho Laboral colombiano*. 5.ª edición, Editorial Temis, Bogotá, 1988.

CAPITANT, Henri. (Director). *Vocabulario jurídico*. Ediciones Depalma, Buenos Aires, 1979.

CARMELYNCK, G. H. y LYON-CAEN, G. *Derecho del Trabajo*. Traducción de la 5.ª edición francesa por Juan M. Ramírez Martínez, Biblioteca Jurídica Aguilar, Madrid, 1974.

CARRO IGELMO, Alberto José. *Curso de Derecho del Trabajo*. 2.ª edición, Bosch, Casa Editorial, S. A., Barcelona, 1991.

CASTOREANA, J. Jesús. *Manual de Derecho Obrero*. Derecho sustantivo. 6.ª edición, México, D. F., 1984.

CAVAZOS FLÓRES, Baltasar et al. *Nueva Ley Federal del Trabajo, Tematizada y Sistematizada*. 20.ª edición, Editorial Trillas, México, 1986.

CAVAZOS FLORES, Baltasar. *35 lecciones de Derecho Laboral*. Editorial Trillas, México, D. F., 1982.

________ *Síntesis del Derecho Laboral comparado*. Editorial Trillas, México, D. F., 1991.

CENTRO DE INVESTIGACIÓN JURÍDICA. *Jurisprudencia de Casación Laboral* (Recensiones de Oscar Vargas Velarde). 2.ª edición, Universidad de Panamá, Facultad de Derecho y Ciencias Políticas, Panamá, 1991.

CONSEJO NACIONAL DE TRABAJADORES ORGANIZADOS (CONATO). *Comunicado a los trabajadores, al campesinado, al pueblo en general*. Coordinador de CONATO: José Manuel Meneses, Panamá, 19 de marzo de 1986.

________ *Queja en contra del Gobierno de la República de Panamá, Estado Miembro de la Organización Internacional del Trabajo, por diferentes violaciones a la libertad sindical en la República de Panamá*. Panamá, 2001.

COUTURE, Eduardo J. *Vocabulario jurídico*. 2.ª reimpresión de la 1.ª edición (1976), Ediciones Depalma, Buenos Aires, 1988.

DÁVALOS, José. *Derecho del Trabajo*. Tomo I, Editorial Porrúa, S. A., México, D. F., 1985.

________*Tópicos laborales*. Editorial Porrúa, S. A., México, 1992.

DÁVALOS MORALES, José. "Conflictos de trabajo", en *Instituciones de Derecho del Trabajo y de la Seguridad Social*. Coordinadores: Néstor De Buen Lozano y Emilio Morgado Venezuela. Academia Iberoamericana de Derecho del Trabajo y de la Seguridad Social. Universidad Nacional Autónoma de México, México, 1997.

DE BUEN, Néstor. *Derecho del Trabajo*. Tomo II, Editorial Porrúa, S. A. México D. F., 1976.

DE DIEGO, Julián Arturo. *Manual de Derecho del Trabajo y de la Seguridad Social*. 3.ª edición, Abeledo-Perrot, Buenos Aires, 1999.

DE FERRARI, Francisco. *Derecho del Trabajo*. Vol. II, 2.ª edición, Ediciones Depalma, Buenos Aires, 1977.

DE LA CUEVA, Mario. *Derecho Mexicano de Trabajo*. Tomo II, 10.ª edición, Editorial Porrúa, S. A., México, 1970.

________*El nuevo Derecho Mexicano del Trabajo*. 4.ª edición, Editorial Porrúa, S. A., México, 1977.

________*El nuevo Derecho Mexicano del Trabajo*. 8.ª edición, Tomo II, Editorial Porrúa, S. A., México, 1995.

_________*El nuevo Derecho Mexicano del Trabajo*. Tomo I, XIV edición, Editorial Porrúa, S. A., México, D. F., 1993.

DE PINA Rafael y DE PINA VARA. *Diccionario de Derecho*. XII edición, Editorial Porrúa, S. A., México, D. F., 1985.

DIÉGUEZ, Gonzalo. *Lecciones de Derecho del Trabajo*. 4.ª edición, Marcial Pons, Ediciones Jurídicas, S. A., Madrid, 1995.

DURLING, Roy. *Jurisprudencia laboral de la Corte Suprema de Justicia*. Panamá, 1977.

FÁBREGA P., Jorge et al. *Código de Trabajo* (con notas, concordancias y leyes complementarias). Actualizado por Jorge Fábrega P., Editora Jurídica Panameña, Panamá, 2003.

________*Código de Trabajo*. 14.ª edición, Panamá, 1995.

FÁBREGA, Jorge. *Apuntes de Derecho de Trabajo*. Relación Individual. Vol. I, Panamá, 1970.

GARCÍA ABELLÁN, Juan. *Derecho de conflictos colectivos de trabajo*. Instituto de Estudios Políticos, Madrid, 1969.

GARCÍA MARTÍN, Antonio. *Diccionario Jurídico Laboral*. Ediciones GPS, Madrid, 1995.

GARCÍA MARTÍN, Carlos. *20 años de jurisprudencia laboral de la Corte Suprema de Justicia Años 1972-1991*. Panamá, 1992.

GARCÍA RAMÍREZ, Roberto. *Derecho del Trabajo y de la Seguridad Social*. 1.ª edición, Ad-Hoc S. L. R., Buenos Aires, 1998.

GNECCO MENDOZA, Gustavo José. (Presidente de la Sala de Casación Laboral). "La dignidad humana como base de los derechos fundamentales en el trabajo", en *Memoria del X encuentro de la Jurisdicción Ordinaria: el Juez y los derechos fundamentales*, Bogotá, D. C.

GOMES, Orlando y GOTTSCHALK, Elson. *Curso de Derecho de Trabajo*. Vol. II, 1.ª edición es español, Miguel Bermúdez Cisneros, traductor y autor de los comentarios al Derecho Mexicano, Cárdenas, editor y distribuidor, México, D. F., 1979.

GOMES, Orlando y GOTTSCHALK, Elson. *Curso de Direito do Trabalho*. Vol. II, 9.ª edição, Editora Forense, Rio de Janeiro, 1984.

GONZÁLEZ CHARRIS, Guillermo. *Tratado de Derecho del Trabajo*. 6.ª edición, Temis, Bogotá, 1985.

GERNIGON, B., ODERO, A. y GUIDO, H. "Libertad sindical", en *Normas internaciones del trabajo*. Un enfoque global. Director: J. C. Javillier, coordinador A. Odero, Oficina Internacional del Trabajo, Ginebra, 2001.

________"Negociación colectiva", en *Normas internaciones del trabajo*. Un enfoque global. Director: J. C. Javillier, coordinador A. Odero, Oficina Internacional del Trabajo, Ginebra, 2001.

GUERRERO FIGUEROA, Guillermo. *Derecho Colectivo del Trabajo*. 3.ª edición, Editorial Temis, Bogotá, 1986.

________*Derecho Colectivo del Trabajo*. 9.ª edición, Editorial Leyer, Bogotá, D. C., 2005.

________*Manual de Derecho del Trabajo*. 3.ª edición, Editorial Leyer, Bogotá, D. C., 2003.

HERNÁNDEZ QUEZADA, Porfirio. *El derecho de huelga: estudio comparativo*. Instituto de Estudios Superiores, Santo Domingo, R. D., s/f.

HERNÁNDEZ RUEDA, Lupo. *Conflictos de trabajo y medios de solución*. Santo Domingo, República Dominicana, 1981.

________*Derecho Procesal del Trabajo*. 3.ª edición corregida, Editora Dais, Moca, Santo Domingo, República Dominicana, 1997.

_______*Manual de Derecho Dominicano de Trabajo*. Tomo I, 2.ª edición, Ediciones El Pez Rojo, Santo Domingo, 1976.

HOYOS, Arturo. *Derecho del Trabajo y de la Seguridad Social*. Editora Jurídica Iberoamericana, S. A., Colombia, 2005.

_______*Derecho Panameño del Trabajo*. Vol. I, Panamá, 1982.

HUECK, A. y NIPPERDEY, H. C. *Compendio de Derecho del Trabajo*. Editorial Revista de Derecho Privado, Madrid, 1963.

ISAZA CADAVID, Germán. *Derecho Laboral aplicado*. 10.ª edición, Editorial Leyer, Bogotá, D. C., Colombia, 2007.

JAVILLIER, Jean-Claude. "La huelga en el sector público. Reflexiones a partir del Derecho Comparado", en *Revista de Ciencias Jurídicas* N.°50, Universidad de Costa Rica, Facultad de Derecho, Colegio de Abogados, San José, mayo-agosto, 1984.

_______*Droit du Travail.* 6.e édition, L. G. D. J., Paris, 1998.

JIMÉNEZ LISCAS, Raúl. *Historia del movimiento sindical internacional.* La Primera Internacional (Asociación Internacional de los Trabajadores). 1.ª edición, Folleto II, Colección: Escuela de Formación Sindical, Escuela de Educación para Trabajadores, Ediciones Eedut, México, 2009.

JOVANÉ, Jaime y MARTÍN RODRÍGUEZ, José. *Código de Trabajo*. Editorial Nuevo Forum, Panamá, 1996.

KAHN-FREUND, Otto. *Trabajo y Derecho*. Traducción de Jesús Galiana Moreno, de la tercera edición inglesa a cargo de Paul Davies y Mark Freedland. Colección Estudios, Ministerio de Trabajo y Seguridad Social, Madrid, 1987.

KROTOSCHIN, Ernesto. *Manual de Derecho del Trabajo*. 3.ª edición ampliada y actualizada, reimpresión, Ediciones Depalma, Buenos Aires, 1977.

________*Manual de Derecho del Trabajo.* 3.ª edición, Ediciones Depalma, Buenos Aires, 1976.

LAFONT, Francisco. *Derecho Laboral Colectivo*. Ediciones Ciencia y Derecho, Bogotá, 1991.

LOBO JAVIER, Bernardo da Gama. "La huelga en el Derecho", en La protección del trabajo en el mundo moderno. Volumen II, obra en homenaje al profesor emérito doctor Alfredo Ruprecht, Cárdenas editor y distribuidor, México, D. F., 1987.

LÓPEZ FAJARDO, Alberto. *Elementos de Derecho del Trabajo.* 2ª edición actualizada, Librería Ediciones del Profesional Ltda., Bogotá D. C., Colombia, 2004.

LÓPEZ GUERRA, Guillermo. *"Fuentes del Derecho del Trabajo. Ley y autonomía privada"*, en la ponencia recogida en la Memoria del Congreso Internacional: *"Las fuentes del Derecho del Trabajo en el sistema jurídico*

Latinoamericano", en *Roma e America. Diritto Romano Comune* N.°2, Revista di Diritto Dell'Integrazione e Unificazione del Diritto in Europa e in América Latina, Universitá "Tor Vergata", Mucchi Editore, Roma, 1996.

LORD WEDDERBURN. *Los derechos laborales en Gran Bretaña y en Europa*. Traducción de Yolanda Valdeolivas García, Colección Informes y Estudios, Ministerio de Trabajo y Seguridad Social, Madrid, 1994.

MARTÍN VALVERDE, Antonio et al. *Derecho del Trabajo*. 4.ª edición, Editorial Tecnos, Madrid, 1995.

MARTÍN VELVERDE, Antonio, RODRÍGUEZ-SAÑUDO GUTIÉRREZ, Fermín y GARCÍA MURCIA, Joaquín. *Derecho del Trabajo.* 4.ª edición, Editorial Tecnos, S. A., Madrid, 1995.

MARTÍNEZ MEDINA, Hipólito. *"Pérdida del fuero sindical (casuística)"*, en *Lex*, Revista del Colegio Nacional de Abogados de Panamá, Panamá, enero1995-diciembre1996.

MARTÍNEZ RAMÍREZ, Juan M., et al. *Curso de Derecho del Trabajo*. 6.ª edición, Tirant lo Blanch, Valencia, 1997.

MARTÍNEZ VIVOT, Julio J. *Elementos de Derecho del Trabajo y de la Seguridad Social*. Editorial Astrea, Buenos Aires, 1972.

MONTOYA MELGAR, Alfredo. *Derecho del Trabajo.* 16.ª edición, Editorial Tecnos, S. A., Madrid, 1995.

MONZÓN, Máximo Daniel y SALAS, Juan Manuel. *"La solución arbitral de los conflictos de derecho e intereses en el Derecho positivo y la experiencia argentina"*, en GARRO, Alejandro M. (Editor). *Arbitraje comercial y laboral en Centroamérica*. Transnacional Juris Publications Inc., Ardseley-Hudson, New York, 1990.

MUÑOZ RAMÓN, Roberto. *Derecho del Trabajo*. Tomo II, Editorial Porrúa, S. A., México, 1993.

MURGAS TORRAZZA, Rolando. *"Anotaciones sobre la convención colectiva de trabajo"*, en AA. VV. *Derecho Laboral. Estudios laborales*. Academia Iberoamericana de Derecho del Trabajo y de la Seguridad Social, Ediciones Librería El Profesional, Bogotá, 1990.

MURGAS TORRAZZA, Rolando. *"La huelga en Panamá"*, en AA. VV. *La huelga en Iberoamérica*. Coordinador Mario Pasco Cosmópolis, Aele, Lima, 1996.

________ *"La solución de los conflictos laborales en la legislación laboral panameña"*, en AA.VV. *La solución de los conflictos laborales*. Secretaría del Trabajo y Previsión Social, México, 1985.

________ *"Los sindicatos en Panamá"*, en AA. VV. *Los sindicatos en Iberoamérica*. Coordinación de Mario Pasco Cosmópolis, Aele Editorial, Lima-Perú, 1988.

________ *Estudios laborales*. Panamá, 1982.

NAPOLI, Rodolfo A. *Derecho del Trabajo y de la Seguridad Social*. 2ª edición, La Ley, Sociedad Anónima, S. A., Buenos Aires, 1971.

NEVES MUJICA, Javier, *Derecho Colectivo del Trabajo*. Un panorama general. 1.ª primera edición, Palestra Editores S.A.C., Lima, 2016.

OBANDO GARRIDO, José María. *Derecho Laboral*. Ediciones Doctrina y Ley. Ediciones Tunvimor, Bogotá D. C., Colombia, 2007.

OJEDA AVILÉS, Antonio. *Compendio de Derecho Sindical*. Editorial Tecnos, Madrid, 1998.

________ *La renuncia de derechos del trabajador*. Instituto de Estudios Políticos, Madrid, 1971.

ÓRGANO JUDICIAL. *Registro Judicial*. Publicación del Órgano Judicial, Panamá, enero de 1985.

________*Registro Judicial*. Publicación del Órgano Judicial, Panamá, marzo, 1999.

________*Registro Judicial*. Publicación del Órgano Judicial, Panamá, julio de 2003.

OSTAU DE LAFONT DE LEÓN. Francisco. *La libertad sindical en el mundo del trabajo en Colombia*. Universidad Católica de Colombia, 2017.

PALOMEQUE LÓPEZ, Manuel Carlos y ÁLVAREZ DE LA ROSA, Manuel. *Derecho del Trabajo*. 4.ª edición, Centro de Estudios Ramón Areces, S. A., Madrid, 1996.

Papeles Laborales. N.°1, Revista Panameña de Jurisprudencia y Doctrina Laboral, abril-julio 1996, Panamá, 1997.

PERA, Giuseppe. *"La contratación colectiva para los contratos de solidaridad"*, en *La protección del trabajo en el mundo moderno*. Vol. II, obra homenaje al Profesor Emérito doctor Alfredo Ruprecht. Cárdenas, editor y distribuidor, México, D. F., 1987.

________ *Compendio de Diritto del Lavaro*. 4ª Giuffrè Editore, Milano, 1997.

PÉREZ PATON, Roberto. *"La libertad sindical y sus garantías. Los sindicatos y la política"*, en *Estudios de Derecho del Trabajo y Seguridad Social*. Ensayos en homenaje al profesor Ernesto Krotoschin, Ediciones Depalma, Buenos Aires, 1967.

PLA RODRÍGUEZ, Américo. *Curso de Derecho del Trabajo*. Tomo I, volumen 1, Ediciones Idea, Montevideo, 1987.

RAMÍREZ MARTÍNEZ, Juan. (Director). *Curso de Derecho del Trabajo*. Autores: Jesús García Ortega, Juan Ramírez Martínez, Tomás Sala Franco. 6.ª edición, Tirant lo Blanch, Valencia, 1997.

RAMÍREZ REYNOSO, *Braulio Diccionario Jurídico Mexicano de la Suprema Corte de Justicia de la Nación*. México, D.F. 1994, en Enciclopedia Jurídica Online (en https://leyderecho.org/diccionario-juridico-mexicano).

Revista de Derecho del Trabajo. N.°2, Doctrina, Jurisprudencia y Legislación, mayo-agosto, Panamá, 1985.

RECALDE, Mariano. *Manual de Derecho Colectivo del Trabajo*. 1.ª edición, EDUNPAZ, Editorial Universitaria, Universidad Nacional de José C. Paz, Buenos Aires, 2017.

ROMÁN, Percy. *Convenciones colectivas en Panamá*. Negociación, contenido, estrategia. Panamá, 1993.

ROQUEBERT LEÓN, María. "El Canal de Panamá y el derecho de huelga", *Tareas*. N.°105, Revista del Centro de Estudios Latinoamericanos Justo Arosemena, Panamá, mayo-agosto, 2000.

RUPRECHT, Alfredo J. *Derecho Colectivo de Trabajo*. Universidad Nacional Autónoma de México, México, 1980.

RUSSOMANO, Mozart Víctor y BERMÚDEZ CISNEROS, Miguel. *Derecho del Trabajo* (El empleado y el empleador). Cárdenas Editor y Distribuidor, México, D. F., 1982.

SALA FRANCO, Tomás et al. *Derecho del Trabajo*. 11.ª edición, Tirant lo Blanch, Valencia, 1997.

SÁNCHEZ, Jorge Enrique. *Manual teórico práctico de Derecho del Trabajo colombiano*. Ediciones Lex, Bogotá, 1946.

SANTORO-PASSARELLI, Francesco. *Nociones de Derecho del Trabajo*. Traducción de la 14.ª edición, realizada por Fernando Suárez González, Centro de Estudios Constitucionales, Madrid, 1963.

SANTOS AZUELA, Héctor. *"Perspectivas actuales de la huelga"*, en *Boletín Mexicano de Derecho Comparado* N.°71, Instituto de Investigaciones Jurídicas, UNAM, nueva serie, año XXIV, mayo-agosto, México, 1991.

SCOTTO. Ignacio. *Diritto del Lavoro*. Giuffrè Editore, Milano, 1993.

SOLER MENDIZÁBAL, Ricaurte. *El arbitraje, la conciliación y la mediación*. Métodos alternos de solución de conflictos. Panamá, 2002.

STAFF WILSON, Mariblanca. *Diccionario de términos laborales.* Panamá, 1993.

TABATA, Hirokuni. *"Las reformas del Derecho Laboral y el realineamiento estructural del capitalismo japonés"*, en *Revista Internacional de Derecho Contemporáneo* N.°1, Asociación Internacional de Juristas Demócratas, Bruselas, 1986.

TORRES DE LEÓN, Vasco. *Derecho Colectivo de Trabajo*. Facultad de Derecho y Ciencias Políticas, Universidad de Panamá, Panamá, 2018.

TRUEBA URBINA, Alberto y TRUEBA BARRERA, Jorge. *Nueva Ley de Trabajo reformada.* 26.ª edición, Editorial Porrúa, S. A., México, 1975.

TAJGMAN, David y CURTIS, Karen. *Guía práctica de la libertad sindical* Normas, principios y procedimientos de la Organización Internacional del Trabajo. Oficina Internacional del Trabajo, de la Organización Internacional del Trabajo, Ginebra, 2002.

VALDEOLIVAS GARCÍA, Yolanda. *Las conductas lesivas de la libertad sindical.* Consejo Económico y Social, Colección Estudios, Madrid, 1994.

VAN DER LAAT, Bernardo. *"Límites al derecho de huelga en Costa Rica. Actualidad y perspectivas"*, en *Revista de Ciencias Jurídicas* N.°47, Universidad de Costa Rica, Facultad de Derecho, San José, mayo-agosto, 1982.

VARGAS VELARDE, Oscar. *Casuística Laboral.* Editorial Mizrachi & Puyol, S. A., Panamá, 2001.

_________ *Derecho de Trabajo.* Instituto de Estudios Sindicales de Panamá de la Federación Sindical de Trabajadores de la República de Panamá, Panamá, 2007.

VASQUEZ VIALARD, Antonio. *"Sindicatos y movimiento obrero. Asociacionismo empresarial"*, en *Instituciones de Derecho del Trabajo y de la Seguridad Social.* Coordinadores: Néstor De Buen Lozano y Emilio Morgado Venezuela. Academia Iberoamericana de Derecho del Trabajo y de la Seguridad Social. Universidad Nacional Autónoma de México, México D. F., 1997.

VILLALBA NOGUERA, Rebeca. *Casuística Laboral.* 2.ª edición, Ecoe Ediciones, Santa Fe de Bogotá, 1999.

WALKER ERRÁZURIZ, Francisco. *Derecho del Trabajo y relaciones laborales.* Editorial Jurídica Ediar Cono Sur Ltda., Santiago de Chile, 1989.

ÍNDICE GENERAL

Lección I
DERECHO COLECTIVO DE TRABAJO

Lección II
LOS ANTECEDENTES, EL ORIGEN Y LA EVOLUCIÓN HISTÓRICA DE LOS SINDICATOS

Lección III
EL DERECHO DE ASOCIACIÓN SINDICAL

Lección IV
LAS ORGANIZACIONES SOCIALES

Lección V
EL RÉGIMEN INTERNO DE LAS ORGANIZACIONES SOCIALES

Lección VI
LAS MEDIDAS DE PROTECCIÓN AL SINDICALISMO

Lección VII
LA CONVENCIÓN COLECTIVA DE TRABAJO

Lección VIII
LOS CONFLICTOS COLECTIVOS DE TRABAJO Y LOS MEDIOS DE SOLUCIÓN

Lección IX
EL DERECHO DE HUELGA

HOJA DE VIDA DEL AUTOR

Prof. OSCAR VARGAS VELARDE

Licenciado en Derecho y Ciencias Políticas por la Universidad de Panamá. Especialista en Derecho Laboral por la Universidad Santa María La Antigua. Postgrado en Formación de Formadores por la Universidad del Istmo. Maestría en Educación con énfasis en Didáctica por la Universidad Latinoamericana de Ciencia y Tecnología.

En la Administración Pública fue director general de Política Exterior, secretario general, viceministro a. i., consultor del ministro y plenipotenciario en las gestiones del Grupo de Contadora en el Ministerio de Relaciones Exteriores; viceministro de la Presidencia de la República y ministro de Trabajo y Bienestar Social.

En el servicio exterior ocupó los cargos de embajador extraordinario y plenipotenciario en la República de Colombia y embajador en misión especial en la Organización de las Naciones Unidas y en la Organización de los Estados Americanos.

En la Administración de Justicia fue coordinador (presidente) y director a. i. de Juntas de Conciliación y Decisión en la Jurisdicción Especializada de Trabajo, magistrado y magistrado presidente de la Dirección de Responsabilidad Patrimonial en la Contraloría General de la República, y magistrado y magistrado presidente del Tribunal de Cuentas.

En el campo de la enseñanza universitaria desempeñó como profesor de Introducción al Derecho, Derecho Empresarial, Derecho Comercial, Derecho Laboral, Derecho Procesal del Trabajo, Jurisprudencia Laboral e Investigación Dirigida. Fue director de la Escuela de Derecho, director del Programa Latinoamericano de Maestría en Derecho, decano de la Facultad de Derecho y Ciencias Políticas, decano de la facultad de Educación y vicerrector académico en la Universidad Latinoamericana de Cienciay Tecnología. En el Centro de Investigación Jurídica de la Facultad de Derecho y Ciencias Políticas de la Universidad de Panamá fue investigador jurídico por más de veinte años y desde el 2001 es profesor en la Escuela de Derecho de la cátedra Derecho del Trabajo.

Entre sus libros se encuentran: *El Derecho en Panamá (1903-2003), La nueva Jurisdicción de Cuentas, El Tribunal de Cuentas, Enfoques de la Juridicción de Cuentas en Panamá, El Tribunal de Cuentas desde el Estado de Panamá (1855) hasta la República de Panamá en nuestros días (2015), Derecho de Trabajo,* Tomo I (Teoría general y Derecho Individual), *Derecho de Trabajo,* Tomo II (Derecho Individual y Derecho Colectivo), *Curso de Derecho del Trabajo* (Vol. I: Parte General), *Curso de Derecho del Trabajo* (Vol. II: Derecho Individual de Trabajo, *Las causas justas de despido, Las causas justas del despido disciplinario, El despido: tipos, formalidades y efectos, Jurisprudencia laboral, Casuística laboral, La literatura laboral y el Centenario de la República, Educación y Derecho, Origen e itinerario de la formación jurídica en Panamá, La evolución del Derecho Constitucional en el Panamá republicano, Los tratados y la Constitución Nacional, La provincia de Los Santos: historia, régimen jurídico y población; Los istmeños y la Gran Colombia, Fabián Velarde, un espíritu renacentista, Juan Mendoza, líder del arrabal, Domingo H. Turner, paladín de los obreros y de las luchas nacionales, Joaquín Velarde Bustamante: mitos, realidad y tradición militar, y Jorge E. Illueca y el credo de la patria (inédito).*

Made in the USA
Middletown, DE
29 April 2024

53632348R00091